我的志愿

吴於人 罗翔 陶勇 等 著

陕西新华出版

太白文艺出版社·西安

果麦文化　出品

所谓大学者，

非谓有大楼之谓也，有大师之谓也。

—

梅贻琦

代序：何为大学，大学何为

蔡元培

五年前，严几道先生为本校校长时，余方服务教育部，开学日曾有所贡献于同校。诸君多自预科毕业而来，想必闻知，士别三日，刮目相见，况时阅数载，诸君较昔当必为长足之进步矣。予今长斯校，请更以三事为诸君告。

一曰抱定宗旨。诸君来此求学，必有一定宗旨，欲求宗旨之正大与否，必先知大学之性质。今人肄业专门学校，学成任事，此固势所必然，而在大学则不然。大学者，研究高深学问者也。

所以诸君须抱定宗旨，为求学而来。入法科者，非为做官；入商科者，非为致富。宗旨既定，自趋正轨。诸君肄业于此，或三年，或四年，时间不为不多，苟能爱惜光阴，孜孜求学，则其造诣，容有底止。若徒志在做官发财，宗旨既乖，趋向自异。平时则放荡冶游，考试则熟读讲义，不问学问之有无，惟争分数之多寡。试验既终，书籍束之高阁，毫不过问，敷衍三四年，潦草塞责，文凭到手，即可借此活动于社会，岂非与求学初衷大相背驰乎？光阴虚过，学问毫无，是自误也。今诸君苟不于此时植其基，勤其学，则将来万一因生计所迫，出而任事，担任讲席，则必贻误学生，置身政界，则必贻误国家，是误人也！误己误人，又岂本心所愿乎？故宗旨不可以不正大。此余所希望于诸君者一也。

二曰砥砺德行。诸君肄业大学，当能束身自爱。然国家之兴替，视风俗之厚薄。流俗如此，前途何堪设想！故必有卓绝之士，以身作则，力矫颓俗。诸君为大学学生，地位甚高，肩此重任，责无旁贷，故诸君不惟思所以感己，更必有以励人。苟德之不修，学之不讲，同乎流俗，合乎污世，己且为人轻侮，更何足以感人？然诸君终日伏首案前，芸芸攻苦，毫无娱乐之事，必感身体上之苦痛，为诸君计，莫如以正当之娱乐，易不正当之娱乐，庶于道德无亏，而于身体有益。诸君入分科时，曾填写愿书，遵守本校规则，苟中道而违之，岂非与原始之意相反乎？故品行不可以不谨严。此余所希望于诸君者二也。

三曰敬爱师友。教员之教授，职员之任务，皆以图诸君求学便利，自应以诚相待，敬礼有加。至于同学共处一堂，尤应互相亲爱，庶可收切磋之效。不惟开诚布公，更宜道义相勖。盖同处此校，毁誉共之，同学中苟道德有亏，行有不正，为社会所訾詈，己虽规行距步，亦莫能辩，此所以必互相劝勉也。余在德国，每至店肆购买物品，店主殷勤款待，付价接物，互相称谢，此虽小节，然亦交际所必需，常人如此，况堂堂大学生乎？对于师友之敬爱，此余所希望于诸君者三也。

———————

原载 1917 年 1 月《东方杂志》第十四卷第四号，题作《大学校长蔡子民就职之演说》。引用略有删减。

目 录

①

哲学

哲学类 *

* 专业门类细分依据 2023 年 4 月教育部发布的教高函［2023］3 号《关于公布 2022 年度普通高等学校本科专业备案和审批结果的通知》，在《普通高等学校本科专业目录（2012 年）》基础上，增补近年来批准增设、列入目录的最新专业。

爱智慧，学哲学，
拥有大局观的人生

徐英瑾（复旦大学哲学教授）

高考结束，想必不少同学都面临大学选专业的问题。不得不指出，大学各个院系的很多科目在中学教学体系里都没有对应课程，要让高中生一下子看明白什么专业是适合自己的，的确有点困难。而在众多学科里，今天我特别想和大家谈谈哲学是怎么一回事。这不仅仅因为我是复旦大学哲学学院的哲学教授，也因为对于大多数中学生来说，哲学的确是一门神秘的学科。

家里有"矿"才能学哲学？

说起哲学，我经常听到有人发出这样的声音：如果家里没"矿"的话，就别学哲学！我本人对这话是颇不以为然的——为什么要那么针对哲学呢？为什么不说"如果家里没'矿'的话，就别学数学"呢？具体而言，此论的偏颇之处在于：

第一，目前我们学院的学生中大多数人都出身于普通家庭，教师队伍里大多数人也都家里没"矿"。

第二，据我所知，哲学学院毕业生的就业情况还是不错的，至少在人文学科里不算差，不少历届毕业生在商界、政界、法律界都做出了不小的成绩——从这个角度看，本科选择学习哲学并不意味着你以后就要过上贫寒的生活。

第三，哲学史上很多大哲学家也都出身于普通家庭，比如康德的老爹本行是做马鞍，海德格尔的老爹就是教堂里一名普通的神职人员。总而言之，家里没"矿"，学哲学也没毛病。

不过，有人或许会说：即使家里没"矿"也能学哲学，但家里没"矿"就能学的学问还有很多，为什么非要学哲学呢？哲学到底是一门怎样的学问？哲学家研究些啥？学哲学有啥特殊的好处呢？很多人对哲学望而却步，实际是因为不了解，只要了解学哲学对个人思维方式的重要启发，给生活困境的心灵出路，相信大家都会对哲学从不了解变成感兴趣，从感兴趣变成一种生活方式。

"哲学"的英文是"philosophy"，希腊文是"φιλοσοφία"，本义为"爱智慧"，由日本学者西周（1829—1897）从西文翻译为汉字词组"哲学"。不过，说到这一步，很多人依然会觉得丈二和尚摸不着头脑。啥叫"爱智慧"？

我本人对于哲学的定义有些另类：哲学活动的本质便是在知识的海洋里做思想贸易，以方便人类各个知识模块之间的信息流通。因此，哲学本质上是人类知识界的"商业活动"——此类活动不直接产生新知识，正如商业活动不直接产生产品一样——但哲学活动在观念层面上激发了人类知识的生产，正如商业活动赋予人类的生产活动以活力一样。

——为什么这么说呢？

先从商业活动说起。我们知道，西汉的张骞通西域之后，丝绸之路上忙碌的商旅便将中国的丝绸带到西方，也将西方的玻璃器皿与火浣布带入了中国。请问：商人本身从事生产吗？当然不从事，他们只从事交易与流通。但是，正是因为他们的存在，中国从事桑蚕养殖的农民才会知道遥远的国外市场存在着对丝绸的需求，而正是基于这种认识，他们才会敢于扩大自己的生产规模，以求获得更多的利益。换言之，没有商人，就没有最原始意义上的全球化，遑论建立在此基础上的一部统一的世界史。而商人们要从事这些商业活动，除了愿意吃苦、不怕冒险之外，还要对各个产业的概貌有所了解。比如，向西方买家解释瓷器的用途与来源，他们既不能说得太多（否则就会威胁到产地的技术垄断地位），也不能说得太少（否则就无法获得西方客户的信任）。因此，从某种意义上说，与买家和生产者相比，商人处在一种"信息纵览者"的微妙位置上：虽然就某一个工艺流程的细节知识而言，他们所获得的信息肯定不如一个景德镇烧瓷师傅了解得多，但是他们往往更有大局观，因为他们知道如何将一个地方的商品运输到另外一个地方去，哪里的人喜欢怎样的商品，何处的生产者才能提供此类产品，等等。

再转回说哲学。哲学与商业活动之间的类比关系又体现在何处呢？现在设想一下，全世界的商业活动都突然停止，生产者与消费者之间的管道被大大堵塞，生产者不知道自己为谁生产，消费者也不知道自己如何才能买到需要的商品。这样一来，全世界的经济机器就会慢慢停摆，每个文明都只能退回到自给自足的自然状态。也就不会有人拥有关于世界经济的大局观了，大家都成了坐井观天的青蛙。

而一个没有哲学的世界，正如一个没有商业的世界：每个人都只能成为自己熟悉的知识领域内的"知识匠"，而没有人能够知道这些复杂知识模块之间的关系是什么，因此，也就没人能够思考那些贯穿各个知识领域的全局性问题。甚而言之，还有一些"专家"不以这种哲学思维的匮乏为耻，反而觉得本学科的视角才是足以俯瞰众生的"上帝视角"。譬如，一些经济学家觉得人类的所有社会问题本质上都是经济问题，一些弗洛伊德派的心理学家认为所有的个体心理问题都与童年创伤相关，而一些物理学家又隐隐觉得所有生理的或者心理的问题本质上都是物理问题。这种基于本学科与本行业视角看待世界的方式，就往往会带来一种"歧视链效应"：你的视角不如我的，从你的视角出发看到的世界图景，在地位上要低于我的世界图景。这种歧视链思维最后带来的只能是知识的自闭。

这种知识自闭症的一个典型的症状，便是"不识数"。这里的"不识数"不是指数学成绩不好，而是指缺乏比例感与格局感。很多数学考试成绩不错的人未必有对于事物本质的比例感与格局感——比如，即使是一个理科高才生也会犯下这种缺乏格局感的错误：在买帝王蟹的时候能够做到货比三家，但在买房的时候却能立即下决定——殊不知即使是再名贵的螃蟹，其价格也仅仅是房产的九牛一毛。需要注意的是，英语中的"理性"（rationality）一词本就有"比例"（ratio）的意思。因此，缺乏比例感这件事，恰恰就意味着当事人缺乏理性。

相比较而言，商人是人群中理性感比较强的那类人。他们会仔细计算做每件事的投入产出比，而不会在买一只帝王蟹的时候花费太多时间精打细算——当然，为了做海鲜生意而买了十万只帝王蟹，就完全是另外一回事了。因此，从哲学角度看，商人比非商人更接近哲学的境界。西方哲学起源于以商业活动为特色的米利都（遗址在今土耳其艾登省内），恐怕也不是偶然的吧。

哲学的独特魅力

但哲学家与商人总有点不同吧？

当然有所不同，否则商学院就直接可以变身为哲学学院了。商业活动的基本动机乃是逐利，而促发哲学家思考的根本动力来自好奇心。那么，为什么哲学家不以逐利为根本的人生目的？道理很简单，哲学家比商人更爱算计。哲学家会反问商人：你赚这么多钱干吗，到头来还不是得进黄土？一辈子就算计赚了几两银子，人生多无趣啊？要在有限的人生中将日子过得精彩一点，难道不应当在人类知识的海洋中畅游，以此丰富自己的视野吗？所以，当商人算钱的时候，哲学家所计算的，则是因为一天到晚算钱而损失的更为精彩的人生。

那么，为什么哲学家不将自己变成博物学家呢？博物学家难道不也可以在知识的海洋中尽情畅游吗？

道理也不难理解：博物学家只能将知识的碎片大量地吞咽下去，无法找到知识模块间的关系，他们也缺乏大局观。天下知识何其多，而人生又何其短也，要了解知识与人生之玄奥，就一定要做到"纲举目张"。而这样的纲要，只能通过哲学反思获得。

那么，有没有一些具体的例子，来说明哲学反思是如何帮助我们发现知识与人生背后的纲要性原理的呢？

有！比如，在康德的时代，自然科学的发展已经取得了惊人的进步，而且康德也发现，原则上看，任何文化中的人都能通过学习理解这些科学发展的结果。于是他提出了一个问题：自然科学得以构建的心智基础是什么？为什么不同文化背景的人在讨论科学的时候相对容易达成一致？此类追问引导他发现了人类认知架构中的纲要性原则——范畴原理。又比如，在人类慢慢走出中世纪进入契约社会后，我们都需要预设个体的行为自由才能签订商业契约，并在契约的约束下开始各种各样的交易。但是，契约得以成立的基本社会框架应当是怎样的？这就引导了卢梭这样的哲学家提出现代社会运作的纲要性原则——社会契约论。总而言之，哲学所讨论的，便是我们从事各种日常活动的基本框架的合法性与合理性。

但是为什么我们熟悉的那些哲学命题听起来那么虚无缥缈呢？比如苏格拉底说的"我最聪明之处，就在于自知无知"，笛卡尔说的"我思故我在"，贝克莱说的"存在就是被感知"，黑格尔说的"历史的展开就是逻辑的展开"，萨特说的"他人即地狱"，听上去都显得很玄奥，甚至有一种"距离感"和"抽象感"。

此类"距离感"和"抽象感"是如何来的呢？其实，产生此类感觉的最根本原因就是：你没有生活在那些伟大哲学家所处的时代，因此你不知道他们为什么会开始思考这些问题。譬如，黑格尔对于辩证逻辑的推崇，是与西方社会的讲理文化密切相关的——你没这生活体验，就只能抓住黑格尔文本的皮毛。又比如，萨特的存在主义思想的社会根源是一战后欧洲传统理性价值观崩塌，西方年轻人对生活现状的某种集体体验——如果你没类似的体验，还是不太能理解萨特到底在说啥。

新的问题又来了：既然我们没生活在那些大哲学家生活的时代，他们的哲学跟我们又有什么关系呢？我们还需要学习他们的思想吗？我的答案是肯定的，这是因为：人类的不同文明形态的生活形式，是具有共通性的。比如，现代中国已经进入市场经济时代，与市场契约有关的基本哲学问题——如，什么是抽象的人格——对中国也有意义。当下中国的年轻人也经常会有疏离感，所以法国哲学家萨特的存在主义思想，也能使得中国当代青年产生一定的共鸣。而学习哲学的好处，就是使大家对这些问题的思考具有高度的系统性与可推理性——说得简单一点，哲学能够给予你偶尔想到的某种人生观点一种更系统的辩护或者驳斥——这样，你才能更深刻地理解你为什么选择这样的人生道路，或理解为什么你的此类选择是错误的。

人生有了大局观——或者说，有了理性辩护的人生道路选择——甚至会大大提升你工作学习的效率。你会由此更清楚你为什么要选择这样的道路，你的干劲会更充沛，你因为彷徨犹豫而浪费的人生时间也会变得更少。学习哲学带来的另一个额外好处是，处理论证的思路会比一般人更敏捷。你若要去学习任何一门需要论证思路的具体手艺（比如律师的辩护术与编程员的编程作业），入门的速度也会快得多。很多哲学专业的本科生在毕业以后能够在法律行业干得风生水起，多少也与这一点有关。

哲学专业的具体内容

说了这么多，我该向大家介绍一下哲学专业具体学的内容了。

首先来介绍一下马克思主义哲学。这似乎是中学生朋友们比较熟悉的一项内容。不过，与中学相比，大学教的马克思主义的难度与要求提高了不少。首先，我们要求读马恩原著，甚至在研究生阶段要求大家核对马恩原著的德语原文。哲学学习一般会要求大家读原著，二手资料虽然能够帮助大家入门，却也可能会错失原著的精彩之处。同时，大学教马克思主义，也往往结合西方哲学与政治经济学的教学来进行，往往预设学生具有一定的西方哲学基础知识，特别是德国古典哲学的基础知识。这也是中学教育比较缺乏的内容。总之，大学教的马克思主义与中学教的马克思主义，内容貌似一样，深度却要上一个大台阶。

以上介绍已经牵涉到西方哲学。西方哲学是现在中国的中学教育基本缺乏的内容，却是大学哲学教育的一个大重点。大家要学习的知识模块主要分为"西方哲学史"与"现代西方哲学"两大部分。第一个部分涉及从泰勒斯到黑格尔的哲学，第二个部分涉及从叔本华到当代的哲学。

西方哲学史与现代西方哲学中的大人物很多，但在大多数哲学院系，教学重点是放在以下这些哲学大师身上：苏格拉底、柏拉图、亚里士多德、奥古斯丁、阿奎那、笛卡尔、莱布尼茨、斯宾诺莎、洛克、贝克莱、休谟、康德、费希特、谢林、黑格尔、叔本华、尼采、克尔凯郭尔、维特根斯坦、胡塞尔、海德格尔、萨特、梅洛－庞蒂，等等。

我本人从事的研究主要涉及当代英美分析哲学，也是英语世界的哲学系所教授的哲学。此类哲学相对忽略哲学史研究，更聚焦对问题的梳理，学风更像理科。英美分析哲学本身又分为如下几个主要分支：形而上学（研究世界上究竟存在着什么）、知识论（研究知识的本性，我们在何种情况下才能说自己知道了某事）、心灵哲学（人类的心智活动与神经活动的关系是什么）、语言哲学（语言的本质是什么），等等。

西方哲学的学习预设学习者得具备比较好的外语功底，因此哲学学院一般希望学生早点考得国家四、六级英语资格证书，这样高年级时才能有时间去学德语、法语等第二外语。有些哲学学院也会设置古希腊语、拉丁语等语言课程，以帮助有此类志向的同学深入钻研西方古典哲学文本。对于英美分析哲学的学习来说，较好的逻辑学基础也是必不可少的。

谈了马克思主义与西方哲学的教学，我们再来看看中国哲学。在中国文化的儒、释、道三家中，眼下的中国哲学研究对于儒家的关心更多一点，就目前的教学研究重点而言，先秦诸子学与宋明理学乃是重中之重。由于《论语》《周易》等文本早已成为中华文化圈的通用文化符号来源，对于中国哲学资源的熟悉显然能够帮助毕业生掌握更多的社会符号资源，由此更顺畅地构建自己的社会关系网。同时，中国哲学对于知人论世之道的洞见，也能帮助毕业生更好地融入中国社会。

除了马、中、西三大板块之外，很多大规模的哲学院系还设有别的学术分支以及配套的课程体系，以便进一步拓展同学们的视野。这些分支包括（但不限于）：

逻辑学。大学教的逻辑学分"普通逻辑"与"数理逻辑"两类，前者相对比较简单，后者则有点像数学，有点烧脑。很多人都误认为哲学是典型的文科，其实作为哲学基本功的逻辑学是非常像理科的。哲学专业的毕业生之所以适应面比较广，也正是因为其教学内容具有"文理兼修"的意味。

科学哲学。这是一个明显带有"文理兼修"意味的哲学分支。"科学哲学"又分为两类，一类是"广义科学哲学"，主要讨论的问题有：科学的本质是什么？科学与伪科学的区别是什么？科学论证与辩护的特征是什么？何时一个科学断言会被证伪？至于第二类"科学哲学研究"，则是"专门科学哲学"，也就是研究特定的科学门类与哲学的关系。由此产生下述交叉学科：物理学哲学、化学哲学、生物学哲学，等等。我本人比较感兴趣的专门科学哲学门类乃是"人工智能哲学"与"认知科学哲学"。换言之，如果同学们对哲学与那些最新潮的科学发展之间的关系有兴趣的话，请到这个专业方向来寻找自己"碗里的菜"。

美学，也叫"艺术哲学"。其关注点乃是艺术的本质是什么，也涉及对于艺术史的考察。这一部分的哲学研究比较感性，需要研究者对艺术作品有一定的感悟力。看不懂凡·高与塞尚的艺术作品的小伙伴们，这个专业方向可以为你解惑。你在这里学到的审美理论，还能帮你在看艺术展的时候展示才华呢！

宗教学。顾名思义，主要任务是从学术角度理解宗教本质。一般涉及的宗教有基督教、佛教、伊斯兰教、道教，等等。需要注意的是，中国的宗教学专业不是西方的神学专业，我们教育的根本目的是帮助大家理解宗教，而不是为了传教。不过，针对宗教内容的学习依然有巨大的实践价值。从对外交往的角度看，很多外国朋友可能都有宗教背景，丰富的宗教学知识能够帮助我们在涉外交流时做到游刃有余，而不会因为文化差异的问题陷入一些不必要的冲突。

第一次看到这么多哲学分支，大家或许会感到有点眼花缭乱吧！不过不必紧张，哲学具体研究方向的确定，是大学三、四年级的事情，届时同学们将通过前一阶段的学习，发现自己真正的学术兴趣，然后与自己投缘的老师对接，以求获得对方的帮助，完成自己的学年论文与学位论文。总之，哲学的海洋极为宽阔，足以容纳下无数人的好奇心！

学习哲学的心得

下面我就来谈谈我本人学哲学的体会，希望对大家有所启发。

我系统学习哲学是在大学。当时我考进了复旦大学的"文科基地班"——这是一个专门为培养文史哲基础学科人才而设立的班级。因为当时教务处将中文、历史、哲学三门学科的内容都纳入了我们的课程表，所以，我们用来学哲学的时间要比哲学系的同学少三分之二左右。这就导致了一些很"恐怖"的结果：一般要两个学年学完的西方哲学史课程，我们一个学期就要学完！如此密集的信息灌输又导致了一些别的结果：大量的新哲学概念每周都齐齐涌入我的大脑，让我感到难以消化。哲学家的术语往往不说"人话"，我一开始甚至怀疑自己以前的语文白学了。到底什么是"实体"？为什么哲学家都喜欢追问"存在"的问题？某类东西是不是存在，难道不应当去问相关领域的专家吗？某个人走丢了，难道不该去报警吗？另外，为什么黑格尔说的都是些"黑话"？康德写的句子都那么长？叔本华那么喜欢骂人？而尼采所说的"超人"是不是美国电影里的那位内裤外穿的猛男？这些问题我一开始都是搞不清楚的，但为了应付考试，只好死记硬背。

如上的学习过程，其实根本不算哲学入门。我觉得自己在哲学上真正开窍，是靠如下机缘：

我已故的导师俞吾金老师当时叫我去学英美分析哲学。我听从师命，立即去读了罗素的《数理哲学导论》。这部书迅速就把我迷住了。要知道我一直将自己定位为文科生，中学时代数学成绩也很平庸，因此题目里有"数理"二字的书，本不该成为我"碗里的菜"。但在读了这本书之后，我被罗素清晰的分析所折服。原来，哲学也可以写得如几何证明题那么清楚明白！我感谢罗素，也感谢俞吾金老师的鼓励，因为他们第一次让我明白哲学本该是一门诚实的学科（正如数学也是一门诚实的学科一样）：换言之，一个道理你如果说不通就得承认说不通，而不要试图拽些大词蒙混过关。此外，此书的阅读也算彻底解决了我在决心投身哲学之前一直在折磨我的一个伦理学问题：靠研究一门充满读不懂的大词的学问而混饭吃，算不算一种不道德呢？现在我明白了，只要我能为自己写下的每句话的意思负责，我就不该有道德负担。

不过，罗素的书只能涵盖分析哲学这一分支（这一分支本就与逻辑学有密切关联），而不能覆盖别的哲学流派。那么，学习与研究分析哲学之外的哲学流派，算不算一种不道德呢？

答案是：也不算不道德。大约在读罗素的同时，我还读了谢遐龄先生的《康德对本体论的扬弃》，由此彻底明白了：在分析哲学之外的整部西方哲学史其实也是能说明白的。谢先生的这部书表面上说的是康德，但在前面几章，他以纲举目张的方式将康德之前的西方哲学史都梳理了一遍，让人看后醍醐灌顶。举个例子来说，为什么中国人整不明白西方哲学家老将"存在"放嘴上？这是因为我们的语言结构与西方不同。西方人的系动词（being）同时具备

"存在"与"是"等不同含义，并在他们的语言构成中扮演了一个非常基础的地位。因此，要理解他们为什么这么想问题，第一步就是作针对西方语言的句法分析，而不是抛开语言问题作胡乱思辨。按照这个思路，很多西方哲学上的谜团也便解开了。因为读谢老师的这部"哲学史揭谜秘籍"入了迷，大四的我甚至还做了一件非常疯狂的事情：在上其他老师课的时候偷偷在下面抄写他的博士论文（当时复印还很贵，我不舍得花钱。我一周的伙食费也只有36元的预算）。这部手抄本我现在都舍不得扔掉。

在以上两股力量的激励下，我最后在大四定自己的专业方向时决定"违背初心"（从小就爱听单田芳先生评书的我本想学历史的），以"现代西方哲学"作为我日后硕博连读的攻读方向。而我的经历也说明了：一个人爱上一门学科的过程，有时候并不像"一见钟情"那么简单。路遥知马力，日久见哲心，大家要学会慢慢来，细细品，心急可吃不了热豆腐。

如果你不想将自己的思维定格在一个固定的知识方向上，而想做知识界的马可·波罗，请你关注哲学；如果你对未来的职业生涯还没有一个非常清楚的规划，而只是想在本科阶段打下通识基础，做到"君子不器"，请你关注哲学；如果你因为家庭或者别的原因，急于要在本科阶段选择一个职业化前景更为明确的专业，也请你关注哲学。哲学学院不但会热情欢迎任何一个以哲学为专业的学生，也会伸开双臂，拥抱任何一个选修哲学课程的外系同学。

哲学专业学生访谈

取景框看世界

高考前后，很多同学都对大学专业的选择充满迷茫，于是我邀请到全国高校各个学科门类的学长学姐，分享自己学习、从业的经验之谈，希望尽我所能打破信息壁垒。

在策划过程中，我征集了大家关于专业选择的问题，收集到的2000多个问题主要集中在本专业的学习内容、学习要求以及专业的就业前景等，这些问题在嘉宾的问答中基本都会有所涉及。提醒大家，所有意见都是嘉宾基于自身经验的个人观点，请大家一定要结合自己的经历辩证地看待。我非常希望大家可以把目前不感兴趣的其他学科领域也看一看，可以帮你打开高考志愿和专业选择的思路。

达恩达恩 | 哲学

我研究生就读于复旦大学哲学学院，学了 7 年哲学。

哲学专业有什么素质技能要求吗？

首先，最基本的就是要会读书。会读书的意思是要能够读懂大量的文字，理解文章内容和段落之间的逻辑关系，提炼出作者的核心观点，并能够与他人的观点进行比较。

其次，语言能力也是非常重要的。如果你要研究西方哲学家的思想，那就需要理解他们的原著，至少要能够流畅地阅读原文版。当然，如果你学习中国哲学，也需要能够读懂繁体字和古文。

除此之外，写作能力也是至关重要的。不需要你写得特别煽情或者语言辞藻非常华丽和丰富，只需要你写得清晰明了、有条理、有逻辑就足够了。这一点可以通过训练来提高。

另外，在心态方面，我认为学哲学的人需要比较静得下心来，愿意花时间去琢磨一个东西。因为哲学思想往往比较复杂和庞大，有时甚至会让人摸不着头脑。学哲学需要反复推敲和思考，例如卢梭的社会契约理论等，这需要耐心和勤奋。当然，如果你只是为了取得高分，可能可以通过速成的方法来应对，但这并不会对个人提升有太大的帮助。

学哲学的专业素养，一个基本要求就是尊重别人的想法，放下自己的成见和价值判断，认真倾听别人的观点并整理他们的逻辑结构。同时，最好能够关注历史和现实，并思考一些看似无用的问题，这些都是学哲学所需要具备的素质。

大卫 | 哲学

我本科毕业于复旦大学哲学系，在北京大学读了文学方向的硕士，后又去法国巴黎高等商学院读了管理学的硕士，现在在国内某互联网公司担任商业分析师一职。

哲学专业的就业方向是什么？

我只能以我们班当时的情况为例，大多数人会继续从事哲学研究，去学校当老师；另外也有一部分人会走公务员的路线；还有一些人会转专业或者选择一些和哲学不太相关的职业。我知道有人选择创业、做律师，还有人像我一样去做互联网分析师或者产品经理等。实际上，哲学作为一门不太有对应职业关系的专业，最终去向还是很广泛的。

② 经济学

财政学类　经济学类

金融学类　经济与贸易类

做出机会成本最小的选择

靳卫萍（清华大学社会科学学院经济所副教授）

1997 年的夏天，我参加高考，原本一直想学法律，最终在堂兄的建议下改报经济学。之所以想学法律，是受到家庭环境的影响：父亲长期在司法部门工作，加上我从小到大都是班干部，爱管闲事，是热衷于社会工作的积极分子。高中班主任认为，通过学习法律再从政非常适合我外向型的性格。后来到了清华才发现，从政的人来源于不同专业；甚至理工科教师在高校中从事"双肩挑"[1]的责任和比重都更大。

2001 年我大学毕业时，经济学专业是神一般的存在，找工作，接着读书都不用发愁。当然这跟当时中国经济处于高速发展阶段有关，也跟中国是一个十分重视经济发展的国家有关。再加上经济学学科应用的广泛性，人们学习经济学专业的热情似乎并

1　清华大学"双肩挑"辅导员制度建立于 1953 年，由蒋南翔同志首创。当时学生数量迅速增加，造成从事学生思想政治教育工作的干部数量严重不足，学校创造性地选择一些政治素质过硬、业务优秀的高年级学生担任辅导员，解决了干部人数不足的困难。后来学校也会从教师队伍中选出优秀的人才，成为在管理岗位和专业技术岗位两类岗位上任职的人员。

没有随着这些年的经济下滑而有所动摇。

经济学科的发展有着非常丰厚的思想史和经济史的支撑，每一次人类的奇思妙想和社会进步都会映衬在经济学科里。许倬云老先生说："个人的历史最小，最短的是人，比人稍微长一点是政治，比政治稍微长一点是经济，比经济稍微长的是社会，时段更长的是文化，最长的是自然，人是跟自然整合在一起的。"在许老先生的这段话里，经济学处于政治学和社会学的中间，充分表明了这个学科与人们的生活相关，与国家和社会的发展诉求相关。下面我就结合"万金油"般的经济学专业的特点，来跟大家做一个详细的介绍。

经济学学科起源和特点

首先，经济学是在 1776 年亚当·斯密发表《国民财富的性质和原因的研究》(《国富论》)之后成为一门专门学科的。在这之前，人们已经萌生了很多经济思想，比如古希腊哲学家苏格拉底每天早上在跟妻子争吵之后，都会被高处的妻子泼下一盆冷水，他悻悻离去后经常到雅典的城市中心去宣讲他的思想。苏格拉底在四十岁左右，成了雅典远近闻名的人物，和许多智者辩论哲学问题，主要是关于伦理道德以及教育政治方面的，被认为是当时最有智慧的人。那时候的雅典城邦很小，相当于北京回龙观地区那么大的地方和三十多万的人口。苏格拉底会拉着广场上的某个人一直讲，直到这个人对某一个思想或概念有了洞见。他身边经常围着一个叫色诺芬的人。唯物主义代表色诺芬将苏格拉底对于经济的论述和思想写入《经济论》(*Oeconomicus or Economics*，亦译《家政论》)。在书中，他将"家庭"及"管理"两词结合理解为经济。由于古希腊是奴隶制社会，家庭管理即如何管理奴隶主庄园，英文经济一词"economy"也就从希腊文起源了，原意是"家计管理"。

之后在西方经济思想史中出现了重商学派和重农学派。重商主义(Mercantilism)，指 15 世纪后半期到 17 世纪初的一种学说，盛行于 17—18 世纪中叶。重商主义认为货币是财富的唯一形态，对外贸易是财富的唯一源泉。主要代表人物有法国的安徒安·德·孟克列钦和英国的托马斯·孟。法国重农学派是指 18 世纪 50—70 年代的法国资产阶级古典政治经济学学派。重农学派以自然秩序为最高信条，视农业为财富的唯一来源和社会一切收入的基础，认为保障财产权利和个人经济自由是社会繁荣的必要因素。主要代表人物有魁奈、杜邦·德·奈穆尔和杜尔哥。重商学派和重农学派只是表达了对当时经济形态中国家应该对经济进行干预还是不干预的观点，并没有形成详尽而完整的一套分析经济活动的理论。

经济学学科的形成要从亚当·斯密于 1776 年 3 月 9 日发表《国富论》一书算起。《国富论》第一篇第一章，是对英国一家制造扣针的小工厂细致入微的观察。就整体而言，每个国家专精于特定产品和服务，这样的分工对所有参与者都更有利。由于当时英国工业革命还未发生，所以分工成为当时最好的能够提高生产效率的方式。马克思评价说，在亚当·斯密那里，"政治经济学已发展为某种整体，它所包括的范围在一定程度上已经形成"。亚当·斯密第一次对政治经济学的基本问题做出系统研究，创立了一个完整的理论体系把英国资产阶级古典政治经济学提高到一个新的水平。至此，开始研究"经济"是如何以最小的代价，取得最大的效果；是如何在各种可能的选择中，在各种主观与客观、自然与人际条件的制约下，选取代价最小而收效最大的那种选择。"经济学"是研究如何将稀缺资源用于最有效的用途，简称"资源配置问题"的一门科学。后来的学者按照研究对象划分出微观经济学和宏观经济学：微观经济学是分析个体经济单位的经济行为的学科；宏观经济学则是一门从社会总体和总量的角度研究社会稀缺资源的配置，以及由此引起的一系列社会经济问题的学科。

对上述经济学起源的简单梳理，是为了方便大家清晰经济学科的出现是为了解决什么问题。由于经济学是对稀缺资源配置的研究，因此成为与人们生活紧密相关的专业，与国家的发展也密不可分。

经济学的学习内容与方法

在清华大学的官网上，经济学专业的培养目标包括："熟练掌握现代经济学的知识与方法，专业基础扎实，具备进入国内外一流高校和科研机构继续深造的潜力；能够灵活运用经济学的原理，理解我国及世界经济的运行特征，并有能力参与相关的经济决策制定；富有家国情怀与社会责任感，拥有全球视野和理性认知，具备成为各行业领军人才潜质。"

这几年我们社会科学学院的学生是按照大类招生的，包括了社会学、经济学、国际关系学、心理学和政治学。学生们在本科学习阶段并不用按照专业进行分流，而是按照最后选修专业的学分来申请某一个专业的学士学位。前些年清华大学还取消了双学位，改成辅修，在很大程度上降低了学生的功利思想，鼓励他们多学习，用通识教育打好本科学习的第一根木桩。

因此，经济学教育在大学本科阶段更关注通识基础上的经济学教育。通常，经济学原理、经济学思维和经济学通论是大类平台课，学生们通过选修其中一门或多门完成对经济学的认知，然后再选择政治经济学原理、中级微观经济学、中级宏观经济学、中级政治经济学、计量经济学（1和2）、世界经济、博弈论等课程作为专业必修课，再辅助以其他多方面的课程作为选修课。由于经济学重在分析，必然还要包括经济分析工具课程，例如计算机语言与程序设计、数据库原理及应用、社会网分析和非常高端的 Python 语言。

我们经济所最近这几年的发展特点，除了政治经济学就是数字经济学方向，相应增加了不少分析类的工具课程。然而，自从经济学科诞生后，数学化是经济学一直被争论不休的话题。经济学在发展了两百多年之后，已经成为一门细分的学科，分为微观经济学、宏观经济学、计量经济学等，因为它涵盖了人们生活的方方面面，又有庞大的分支构成，因此有"经济学帝国"的称呼。经济学作为一门科学的面貌出现，就要有科学的样子。在很多人的理解中，数学才是最好的科学工具，应该用数学语言和数学模型来表达经济学的逻辑。支持经济学数学化的，如新古典综合学派的保罗·萨缪尔森，反对经济学数学化的，如奥地利经济学家路德维希·冯·米塞斯和制度经济学家罗纳德·哈里·科斯，后者认为经济学的数学化，只是让经济学看上去有了科学的样子，如果忽视了人的自由意志以及人对物的主观价值判断，就切断了数学模型和真实的人的行动之间的联系，做出来的结果，可以用于发表文章，却离真实的世界越来越远。这个原因使得尤其是宏观经济学显得更加需要关注政治、社会、历史和人性，乃至国际关系的影响，只有综合分析、研究和判断，才能知道其背后运行和影响发展方向的逻辑。

经济学，不管是微观经济学研究还是宏观经济学研究，仍然形成了一定的研究范式，数学建模和验证不仅少不了，而且还要加入大量的计算机的手段，例如 R 语言等。数学和分析工具的加入，使得经济分析越来越复杂化。我猜想这种数学化的方式，不仅在于使其看起来更为科学，而且也通过数学水平越来越艰深，自然筛选出了更有分析竞争力的、擅长数学的人从事经济学研究。毕竟，选择经济学作为专业的社会科学学者还是太多，经济学家／学者是严重过剩的。为了维持顶尖经济学家的供需均衡，越来越复杂的数学模型构建成为论文发表的基础，当然也成了科研行业顶尖经济学家必备的看家本领。

经济学专业的出路

在社科学科中，要拿经济学专业的学士学位，通常要学好几门数学；再加上经济学的议题涵盖了政治、经济和社会，这一特点决定了经济学专业毕业的学生就业方向和范围非常广泛。学生们本科毕业以后，可以进行硕士和博士的研究生深造（国内和国外），包括保研到公管学院读行政学相关的硕士或博士学位。也许大家已经发现了，经济学专业的本科生，在硕士或博士阶段选择其他相关的社会科学专业也有一定的优势。

在获得了相关研究生学位之后，可以进入科研院所工作，可以参加国家公务员考试进入体制内工作，也可以选择进入金融行业工作。不少体制内的工作都需要经济学专业的学生，比如各种经济相关的部门：招商局、发展改革相关部门。经济学在这些部门的录用范围要比其他社科专业广泛得多，充分体现了经济学的"万金油"的特点。

经济学专业本科毕业的学生大致分为三种情况：保研未成功的；尚未清晰研究生学习方向，或者不清楚之后的兴趣，希望先工作再找方向的；工作预期收入非常高，放弃保研先工作的。总之，大家的选择非常广泛，渠道也很多。经济学专业申请出国也有非常大的优势，要求较高的数学课程、经济学课程，以及计算机或统计学辅修课程。这些课程的难度，无疑能为成绩单提亮不少，为申请专业增加不少分量。最近一个案例是，同样是外语系的学生，GPA4.0的同学只申请到了LSE（伦敦政治经济学院）的管理学项目，但另外一个成绩没有那么好的同学，因为有经济学专业的辅修成绩，申请到了LSE的金融学项目。

经济学的博士毕业后也有不少人进入高校。然而，对于供给严重过剩、异常内卷的经济学专业，要想在国内外的顶刊发文，不仅需要有直觉，还需要有甘坐冷板凳的耐心。现在国内不少高校对经济和金融专业的教师要求非常高，例如清华大学不仅岗位异常稀缺，而且对教师毕业的学校也有极高的要求，比如经济所的招聘要求通常为美国排名前五的高校毕业生。

此外，英文的论文发表也好，国内的期刊发表也罢，有着发表

26

论文要求的"青椒"（青年教师）要对各种主流刊物的主题要求、刊发要求，甚至期刊特色了然于胸。越来越多的高校实施了聘任制，非升即走的时限从九年缩短成了六年，不同的高校还有不同的要求。总之，我的老师就讲，如果家底不够厚的话还是不要做经济学研究的工作……如果试图在国外的顶级经济学刊物发文，最好是自己熟悉，或者和相应的国外团队共同攻坚克难方可。

高考之后要思考的问题

作为高校教师和负责某一区域的招生老师，非常理解高考结束后，学生和家长面对志愿填报产生的迷茫和困惑。下面我想从更广阔的视角谈一下高考后如何选择专业。

一般我建议在考试前不考虑任何关于专业的设想，虽然高考有种种不足，但仍然是目前国内选拔人才最为公平的途径。因此，好好备考，心无旁骛，会让你收获更多，要坚信任何努力和付出都是值得的。高考一旦结束，立马动用各种资源了解所能报考的专业情况。其次，对于自己也要有一个相对明确的认知，判断自己是更倾向于哪种性格，是能耐得住性子，喜欢安安静静地做事情，还是喜欢动起来的工作。这可以判断自己是否可以从事科研类的工作。科研最重视创新，能在科研方面获得创新和不朽的成绩会是人生之大幸。如果不是喜欢科研的那类人也没有关系。以前都说要弥补人生的短板，现在的观念则是发挥自己的长处和优势。早先在管理学中风靡世界的短板理论早已经不适合当今的低水平竞争——"内卷"了。

经济学有个概念叫"机会成本",是指投资者或企业在选择一个选项而不是另一个选项时将失去的潜在收益。换句话说,机会成本是牺牲另一个机会的成本。机会成本是人生和投资的重要概念。填志愿也是一样,我们总要做出机会成本相对低的选择。一开始就了解自己的初心,就能做出机会成本最小的选择。初心,往往是人们最初的心意或心愿。在人们成长过程中,难免会产生各种功利思想,忘了自己的初心。在不知道如何选择的时候,其实可以看看国家和社会的需求。比如把国家的选择当作自己的选择,看着是为了国家而付出而奋斗,但也能达成个人的目标。

清华大学有一个特别有名的校友合唱团。2017 年 12 月 9 日,我带的班级要参加学校的"12·9 歌咏比赛"。当时学校还请到了上海校友会的合唱团。五十多位白发苍苍的校友,平均年龄七十多岁,其中有一对夫妇去年刚退休回到上海。曾几何时,他们也是青葱少年,也对专业和志愿懵懵懂懂,但最终选择为了国家,将自己的选择与国家和民族的命运深深绑在一起,他们通过一生的努力做出了贡献,成就了人生。因此,将国家的选择作为自己的选择,毫无疑问是非常有价值的。

也许我们会带着家人的期许,想选择一个收入高、地位高的工作,但很多事情都难以判断,如果有明确的志愿那固然是好的。比如之前我在招生的时候,有的同学分数很高,但从小追寻的就是航空航天,最后也没有因为分数高而选其他专业。其实,好还是不好,是个综合研判的问题。如果只是看到成绩非常好,选了计算机或金融,短期是"荣耀"的,长期则未必。如何选,最好是基于初心,这样选择的机会成本其实也是最低的。

而且,高考志愿仅仅是你从高中转向大学学习的一个暂时性选择，等学习一阵子再转专业也是可行的；进入大学，在课堂上感受专业知识的差异，在活动中要多跟师兄师姐取经，辨别专业特性，为自己大一下学期转专业做准备。即便是不打算转专业，也要尽可能地了解大学知识的宽度，比如清华大学提倡的通识教育；学习积累的知识越多，视野越宽，不管是在今后的专业学习中，还是在工作后，可能更容易比别人的"沙堆"堆得更高。我在清华大学做本科班主任期间，有个来自湖北经商家庭的姑娘，在大一上学期约谈中萌生转系到经管学院读会计专业的想法。我笑而不语，只是鼓励她学好每个课程。在大一下学期约谈中，她说不想转系了，认定了社科的培养更适合自己。她不仅在大一拿到了全年级第一的好成绩，而且拿到了年级唯一的国奖，又经过我的"培训"获得了"英华学者"[1]的项目资助。在即将启程远赴英国牛津大学的前几天，经过我的一票推荐获得了唐立新奖学金。现在她在欧洲最好的商学院攻读博士学位，而这是她一步步尝试、体验和思考的结果。

总的来说，作为十几岁的高中毕业生，很难想象未来是什么样子。时代不断变化，例如正在发生的人工智能革命，如果说工业革命是对劳动力的解放，那么人工智能革命就是对脑力的解放，二者有本质区别。人的智慧来自经验的学习和积累，但这种经验在人工智能时代不再成为优势，很多专业人才将面临被淘汰的风险。但是唯有一点是非常重要的，那就是要成为对社会有用的人，掌握一套行之有效的学习方法，使自己的认知水平能持续

---

[1] "英华学者"项目将选拔品学兼优、志向高远，具有学术志趣和人文情怀的清华大学在校本科学生，以全额奖学金资助其赴海外名校进行为期一年的国际访学。

得以提高。当然，也许你会觉得这个世界太卷，抱怨资本的力量太强大，仅凭个人奋斗已经难以成功了。在社会公平的时候提倡个人奋斗，而在社会欠缺公平的时候，通过拥有更多学识和才华来带动和影响社会，进而进行社会奋斗，必将使人类迎来更加美好的前途和未来。

经济学专业学生访谈

取景框看世界

罗肖尼 Shawney ｜ 经济学

我本科就读于四川大学的经济学专业，研究生就读于上海交通大学的金融学专业。

经济学专业会学习哪些内容？

经济学是一个非常广泛的学科，其中最常见的三大件包括宏观经济学、微观经济学和计量经济学。几乎每一个开设经济学专业的院校都会教授这三门基础课程。

宏观经济学研究经济总量、国家贸易以及世界各经济体之间的互动；微观经济学则研究厂商、消费者等微小的个体的经济行为；而计量经济学则是利用统计和数学方法来研究生活中无穷无尽的经济变量。

为了学好经济学三大件，学习数学是必不可少的。虽然相比于物理学、统计学和数学专业来说，经济学使用的数学相对基础，但是微积分、线性代数和概率统计这些基础课程仍然是必修的。

此外，经济学还有许多不同的细分领域，如产业经济学、劳动经济学、土地经济学，等等，不同学校的办学特色也会影响选择具体的细分领域。

经济学专业有什么素质技能要求吗？

要学好经济学专业，有三点非常重要。首先，需要掌握基本的数学工具，尤其是它们在经济学领域的具体应用方式。其次，经济学是一个庞杂的学科，在选课之前，你需要进行更多的研究和探索，确定自己感兴趣的领域，并有针对性地阅读书籍、交流、试听课程，找到一个你觉得更有意思的方向。最后，最好能够将所学应用到生活中，多关注社会经济的运行方式，多关注生活中微小的消费行为，这些都是非常有趣的部分。如果只是为了应付考试而学习，那么四年下来可能会很平淡，不能真正体会到经济学的乐趣。

陆英泽｜金融学

我毕业于复旦大学国际金融系，本科之后去了普华永道中天会计师事务所，做了将近两年的审计，现在在咨询行业工作。

金融学专业的就业方向是什么？

首先，金融行业的中坚力量是内资券商，也是规模最大的一部分。由于内资券商的业务范围广泛，从业人员众多，因此券商目前有许多就业机会等待金融专业学生。但是不同等级的券商对学生的要求存在很大差别。头部券商可能只招收清华、北大、复旦、交大等名校的硕士，腰部券商可能会放宽要求，招收一些985、211的学生。底部券商则更多可能招收普通院校的学生。

其次，外资投行是外资金融机构的一部分，也是人们认为很光鲜的工作。与内资券商不同，外资投行对学历的要求较低，因为他们有较好的培训机制。如果在面试中展现出足够的能力，即使简历不如内资券商，也有被招收的机会。外资投行主要业务集中在投资银行方面。

最后，是传统的银行、保险等大型金融机构。由于这些机构的规模庞大，分支机构众多，因此提供了很多就业机会，对学历要求也不同。大型银行和保险集团的总部，对学生要求很高，可能只招收顶尖名校的学生。而村镇银行或者地方分行则可能放宽要求，但这些学生可能长期从事柜台或者销售等工作。

除此之外，还有金融服务业，例如审计和咨询。这些机构更看重应聘者的能力，对学历的要求比较广泛。根据我在普华永道的经验，这些机构人员中最高的学历可以是伦敦政治经济学院的硕士，最低则可以是 211 和双非的本科。

另外，还有一些比较细分的部分，例如 Quant Fund（量化基金）和 Hedge Fund（对冲基金），这些是非常高端的金融领域，只有顶级的人才有机会进入。此外，还有二级市场中的公募基金和资管类工作，现在也非常热门。

金融学专业的就业前景如何？

这两年学金融的学生，应该也能感受到现在面临着僧多粥少的局面。这种局面对中部和底部人压力尤其明显。因为这两年金融行业的人才已经趋近于饱和，所以竞争压力也越来越大。

原先像清北复交的本科生就可以去比较好的单位，但现在基本都要读研。对于985、211乃至双非的同学来说，如果你一心致力于进入头部券商、外资投行的话，考研是你从进入大学的第一秒就应该准备的事情，因为这几乎是现在进入这些顶级机构唯一的办法了。

爱吃年糕的阿泽｜保险学

我目前就读于北京大学经济学院风险管理与保险专业。

保险学专业会学习哪些内容？

保险学是一个综合性比较强的专业，需要学习经济学相关的通识课程，包括经济学原理、中级宏观经济学、中级微观经济学和计量经济学。此外，保险的核心课程包括风险管理、金融风险管理、企业风险管理等，这些课程主要涉及公司后台部门，如风控部门会用到的模型，以及风险预防、减损和复盘等。此外，还需要学习寿险、财险、社会保险等核心课程，以及保险资产管理和投资等相关内容。

保险学专业有什么素质技能要求吗？

如果你想从事精算方向，需要具备较好的数学能力、逻辑思维和计算水平，因为你需要根据预期寿命表计算保险产品的保费和赔付。如果你想从事产品方向，需要有表达能力和理解能力。此外，你还可以发展成为精英保险代理人。如果你想从事科研方向，需要具备较强的数学能力和模型计算、搭建能力。

保险学习的总体难度适中，部分课程属于文科，如保险产品的理解、社会保险的运行框架等；而另一部分课程则与数学相关，如保险精算。

三金｜保险学

我本科在一所上海本地院校，硕士是在复旦念的保险，现在从事保险科技行业。

保险学专业的就业方向是什么？

保险业可以分为几个大类：传统类的保险机构，如保险公司和保险中介平台；新兴的保险机构，如互联网保险平台和保险科技企业；监管条线，如银保监会及其下属机构，以及保交所等其他机构。

除此之外，卖保险也是一个职业方向，其对应的是保险代理人。然而，我个人不太推荐刚毕业的同学从事这个岗位，因为从现有情况来看，做得比较好的保险代理人通常有非常丰富的从业经历，有些人甚至没在保险行业工作过。

保险学专业的就业前景如何？

我个人还是比较看好保险行业的发展。因为我们国家人均GDP逐年上升，整个保险行业的发展与国民收入息息相关。所以在未来的几年中，保险业仍有很大的发展空间。从横向对比看，保险深度和保险密度是衡量保险业发展水平的重要指标，相较于全球平均水平，我们国家目前仍有很大的发展空间。

从我个人的从业经历来看，目前市场上各家保险机构对人力招聘的需求持续增长。我身边的一些同事之前并不是从事保险业，但最近几年纷纷加入保险业。这样的趋势对同学们也是利好，说明这个行业未来的发展潜力还是有一定保证的。

对于教育背景不太好的同学们，我建议放平心态。虽然学历要求在各行各业中都存在，但保险行业对教育背景的要求相对于其他热门行业来说已经不算特别严格了。大家要对自己有充足的信心。

③

法学

法学类 政治学类 社会学类
民族学类 马克思主义理论类 公安学类

法学之路的苦与乐

杨立新（中国人民大学法学院教授）

各位即将走进大学校门的准大学生们，你们好！

我是中国人民大学法学院的杨立新，现在是法学院的荣休教授。在你们高三毕业、报考大学的时候，我想把我的求学和工作经历分享给你们，为各位青年学子选择今后的专业学习方向、人生工作目标，提供参考。

走上法学之路

今天的你们都非常幸运，因为在人生第一次选择的关键时刻，你们有能力也有条件，通过自己的努力，走进大学的校门，选择喜欢的专业。

我们这一代人却没有这样的幸运，在我们面临第一次人生抉择的时候，只能听凭安排。因此，我的法学之路是一个反复、曲折的过程。跟你们说说我是怎样走上法学之路的，也许能给你们在选择专业学习方向和今后职业时带来有益的启发。

在我的求学经历中，接受最完整教育的时期是小学。

1960 年，我拿着户口本到离我家五百米的民主路小学给自己报名，就被录取入学了。刚上学就遇到教育制度改革高潮，全班被转校到师范附小。后来才发现是因祸得福，因为当时的师范附小是我老家最好的小学，不仅是师范专科学校的附属小学，而且是当时全市唯一有暖气楼校舍的小学。在这个学校里，我一直念到了 1966 年小学毕业。

直到这一年的年底，我才升入初中，但也经常停课，就回到家里当"逍遥派"，自己看书，练习写字。1968 年开始复课，最后一个学期才比较正式地上课，初中毕业后到农村插队做知识青年。

1970 年年底，我应征入伍，到驻扎在黑龙江省齐齐哈尔市的野战军服役，在步兵连队当了四年兵，担任了三年的连队文书，有大量的时间可以学习。我找到一些课本，每天坚持自学，恶补欠缺的课程，还学习了大学的语文基础和逻辑知识等，算是有了较好的文科基础，但其他方面只是小学水平。

1975 年 3 月复员回到家乡，先是在工厂工作了十天，后来被选调到青年干部培训班学习了两个月，结业后被分配到中级人民法院工作，当时还感到莫名其妙，但就这样走上了法学之路。

当地委组织部的干部带着我走进地区中级人民法院，成为该院的一名工作人员后，第一个工作单位是民事审判庭。那时候，一个法院除了有院长外，只有三个内设机构，一个是办公室，一个是刑事审判庭，还有一个是民事审判庭。

我在民事审判庭工作了六个月，一边学习民法，一边办案，审理了大约二十件上诉案件。那时候的民事案件，主要是离婚案件、债务案件和打架斗殴的损害赔偿案件，也有少数遗产纠纷案件。我审理第一件案件的裁判文书呈庭长、院长审批时，院长只改了两个字就签发了，引起院领导的重视。半年后设立调查研究室，我和另外两位老同志成为调研室的第一任成员，主要是做法律研究和文字写作工作。这与自己的志向吻合，因为我小时候一心想当记者或者作家。

在调研室工作两年后，院领导认为我光是文笔好还不够，还需要增加审判经验，就把我调到刑事审判庭办理刑事案件。1979年立法机关通过了《中华人民共和国刑法》和《刑事诉讼法》，使刑事审判工作从过去的无法可依改为依法办案，严格依照规定开展刑事审判工作。我在这一段工作时间，努力研究法律，提高业务水平。

1986年至1988年，地委和省高级法院领导认为我不能只有初中毕业文凭，还需要继续增加专业知识修养，推荐我考入中国政法大学进修学院，学习了两年法学专科。在专业学习期间，我接受了中国法学界著名教授的传授，比如佟柔、江平、高铭暄、王作富、张晋藩等，使我的法学理论修养得到了很大提高。我的民法老师是号称"中国民法之父"的佟柔教授，他讲民法，让我如醉如痴，看到了民法的博大精深，掌握了民法的基础法理。在老师的指导下，这两年里，我发表了五篇论文，写成了我的第一部法学专著《侵权损害赔偿》。

1988年，最高人民法院成立高级法官培训中心，第一届招生，我考入中国人民大学培训民法专业的高级法官班，按照研究生的课程要求学习了一年民法，也是佟柔老师主讲，还有郑立、赵中孚老师等，让我开阔了眼界，站在老师的肩膀上，看到了民法研究的高山。

1990 年 1 月，我被选调到最高人民法院工作。我就好像是一个站在山下的人，爬上了高山之巅，看到了无限广阔的空间，顿时眼界大开。特别是面对着几乎是浩如烟海的典型案例，就像芝麻开门那样，打开了阿里巴巴神秘宝库的大门，面对着司法实践中无比深广的各种实际问题，看到了研究不完的新鲜课题。我可以一边办案，一边研究各种各样复杂的法律适用问题，专心进行理论探索。那个期间，正是电视剧《渴望》热播之时，我们宿舍只有走廊里有一台电视机，当大家都在走廊里跟着剧情哭笑时，我却能够坐在自己的宿舍里，一心一意地研究问题、写文章，因此也使自己的学术水平有了更快的提高。

2001 年，我离开了司法实务部门的工作，调入中国人民大学法学院，从事民商法理论研究和教学工作。

我在学校带学生，当然首先是传授专业知识，但更看重的是传授做人的经验、学习和研究民法的方法，特别是着重提高写作水平。做人是为人之本，专业是立身之本，写作是工作之本。从事法学之路，人品正、专业好、文笔棒，才能真正走好这条路。我的一位博士生入学以后，按照一贯做法，先写一篇文章给我看。他拼死拼活用两天时间写了一篇上万字的文章给我，心里还很得意。我看了以后，批了四个字"狗屁不通"，让他重写，告诉他怎样写学术论文。他写了一个月，基本成形。我又帮他修改以后，发表在吉林大学的法学刊物上。有一个教授问我，你的学生为什么都会写文章，而且还都写得很好？我回答说，这是商业秘密，不能告诉你。其实，哪有什么秘密，就是严格要求学生在研究中写好论文，既能提高学术水平，又能提高写作水平，成为能说、会讲又能解决疑难问题的专家。

在做人方面，我在学校一直和同学们一起在食堂吃饭，通过言传身教，使每一个学生都能养成不浪费、守规则的习惯，成为有礼貌、有修养的人。比方说，吃完饭要用餐巾纸把桌面擦干净，临走之前把椅子摆放好。这些都是小事儿，但其实都是在学习和养成为人之道。

法学之路跋涉的苦与乐

我的法学之路与你们将来要走的法学之路完全不同。你们的法学之路，是要先经过法学院校的专业培养，学好专业基础，再去做法官、检察官、律师等实务工作，或者做教授、研究员研究法学理论，成为法学专家。

我之所以要讲我的法学之路，只是想说，在这样艰难曲折的道路上，学习法律也能够找到自己的人生之路，你们在选择法学之路时，千万不要担心，因为你们的前途是更光明灿烂的。

我先说从事法学之路的乐吧。

很多人都觉得，看到的法律也就是几十条或者几百条的条文，每一个条文写得都比较简单，内容也都容易理解，因而认为法律不是科学。很多大学生入校开始学习法律时，也有这样的感觉。

我要告诉你的是，我在刚走进法院、接触法律时，也有这样的想法，甚至暗地里认为是法学家在矫情，生生地要在法律条文背后找出那些复杂的说教，故弄玄虚。

但是，真正走上法学之路以后，才会发现法学理论研究魅力无穷，是一个永远也研究不完的理论宝库。比如我最先有兴趣研究的是侵权法，研究侵权法就要研究被侵害的权利，结果我发现人格权具有更重要的价值，因此又开始研究人格权法。在法学这个理论宝库里，我们可以发现无穷无尽的新课题。

我至今从事法律工作已经 48 年了，始终没有离开，并且将它作为自己的生活乐趣，就是因为直到今天，看到面前仍然摆着无数应当研究和解决的民法理论难题。很多人劝我说，你已经退休，年纪也不算小了，没有必要再孜孜不倦地研究了。可是，民法研究之路的魅力就在此，看到应当研究解决的东西不把它研究透，我的心里就发痒，手也发痒。

各位未来的法学家们，如果你走上了法学之路，探索到一定程度，你也会有同样的爱不释手、欲罢不能的感觉，有自己想要追求的目标。

就说法官吧。法官办案，永远都会遇到自己不懂的问题。不懂就要研究，就要学习，就要向专家请教。最高人民法院前年提出，法官要勇于创造伟大判决。伟大判决怎么创造出来呢？就是把法律没有规定的疑难案件，运用民事习惯和民法法理作为依据，做出具有引导性的裁判，就会形成伟大判决，成为同类案件判决的先例，引导法学和司法的进步。

这个不重要吗？非常重要！我经常跟法官说，如果你遇到一桩能够创造伟大判决的疑难民事纠纷案件，把它解决了，做出了一个可以称为伟大判决的裁判，就是你一生的光荣，是你一生的成就，你创造的这个案例就会被写进法学发展史中。

这些是不是法学之路的乐呢？肯定是。

那从事法学之路有没有苦呢？当然也是有的。

法学之路的苦，就是要刻苦研究，把别人喝咖啡、打麻将的时间，都用来不断追求，永远也不能松懈自己。

要知道，法学发展到今天，已经积累了上千年人类发展的经验和智慧。我们一讲到民法，就会讲到罗马法，讲到日耳曼法，也会讲到英美法、中华法系。你要知道，所有这些都有上千年甚至数千年的历史。法学是人类进步的经验积累，是人类发展的智慧结晶。特别是民法，被称为"万法之法"，是人类规范自己的地位和行为的准则。你学了民法就会知道，一个人从生到死，永远离不开民法的规范。你生下来就会和父母形成亲子关系，结婚后与妻子形成配偶关系，生了孩子还会形成亲子关系，死后还会有遗产的继承问题。还有，生活需要财产，需要交易，更需要人的尊严，这些都属于民法的物权法、合同法和人格权法规范的范围。正因为这样，民法规则随着人类的不断进步和文明的不断发展，形成了今天这样的规模，并且还不能看到止境。你看，现在研究的热门民法问题，就是数据、网络虚拟财产、人工智能产品的损害赔偿责任，都在探索之中。科学有发展，人类有进步，民法学就必然有新问题的研究。

说起从事法学之路之苦，从上面说的这些，看似无关紧要，可是，在法学之路上的跋涉和攀登，就是要在千年以来积累的规范的基础上，不断向前发展和变革，适应时代和科学的发展需求，做出更加艰苦的探索。每一个跋涉在法学之路的人，不仅要向后看，更要向前看，让自己的思想和学术能够跟上时代发展的脉搏，与时代和科技的进步同步。

这还是从宏观上说。如果从微观上说，跋涉法学之路要经得起孤寂、探索和时间的考验。

先说孤寂。无论是从事法学研究还是司法实务工作，其实多数人都是在孤独地研究和探索，不像理工科研究那样需要一个团队，经常是自己面对一盏枯灯，守着一堆资料，心无旁骛地研究自己想要解决的问题，甚至是十年磨一剑。即使作为一个法官，也要独立解决法律适用问题，做出判决，而不是靠团队力量。

再说探索。法学之路的跋涉，先要有探索精神，然后要有探索的努力，还要有探索的方法。有的学生跟我说，选了一个研究课题，研究半天，后来发现别人都研究过了，白忙活半天。我在开始研究学问的时候，也有过这样的经历，这是因为自己的学问根基还不够，不知道别人的研究达到了什么程度。当你掌握了要研究的问题在国际国内研究到什么程度，就不会出现这样的问题了。其实，做一个平庸的法学工作者也不难，学懂基本原理以后，可以应付授课和一般的法律适用问题。但是，要想做一名优秀的法学工作者，为法学发展做出贡献，实现学术理想，没有这些探索是绝不可能的。

最后说时间。从事法学工作，绝不是一蹴而就，在取得一定的成果后就会一劳永逸；不是像有人说的那样，写成一本书就可以讲一辈子，学习了一本教材就可以应对所有的案件。这些都不行！法学之路就是要长期、坚持不懈地学习和研究，才能真正实现自己的学术追求，成为一个有成就的法学家。

说到底，在法学之路上不断跋涉和攀登的有志者，其实是苦中有乐，乐在苦中。只要付出艰苦的努力，就能够成就自己在法学之路上的追求。

选择法学之路的提示

不管怎样，我还是要对各位有志于选择法学之路的你，在选择大学学习方向时，提出四点提示。

第一，要很好地考虑自己的兴趣。你在初中、高中学习各门学科时，究竟对哪一门学科感兴趣？你将来有什么样的理想？这些都是在选择大学学习方向时必须考虑的。我的一个学生是学外语的，但是在法学会议担任翻译时，对法学感兴趣了，就跟着我学民法，而且越学越觉得有意思，学得很好，毕业后留在北京一所大学，现在已经是法学院的副院长了。你在选择大学学习的专业方向时，最好能够结合理想和学习兴趣，把它变成将来的工作志向，做出影响人生的第一次重大选择。

第二，如果你在选择专业方向时愿意走法学之路，我建议你不要犹豫。选择法学专业，最好是对文科感兴趣的同学，因为法学是社会科学，有文科属性。如果你的文科基础好，选择法学作为自己的方向，不仅符合自己的兴趣，而且也能够通过自己的学习打好法学基础，将来在法学之路上为社会做出更大贡献。不过，对理科感兴趣的同学也可以选择法学专业，先不说道理，而是讲两个故事。第一个故事，清华大学法学院的前院长，本科是学数学的，毕业后对法学产生兴趣，攻读民法研究生学位后，他觉得在数学专业的数理逻辑面前，法学逻辑相对简单，特别容易学，学数学的人再学法律特别有优势。第二个故事，我的一个学生，原来是中国人民大学商学院食品专业的本科生，在读三年级时，听人说法学院有一位杨老师，讲民法课特别有意思，就来旁听我的民法课，这一听就喜欢上了民法，坚决要报考法学研究生，最后考进了法学院，跟我学了研究生的课程，又读了博士学位，取得相当好的学习成绩，最后直接被四川大学法学院聘为副教授，几年后被聘为教授，成为最年轻的博士生导师。他把法学与食品专业的理科背景结合起来，从事数据和人工智能的法学研究，与最高人民法院共同申报课题。

第三，选择跋涉法学之路，会特别有成就感和使命感。你要知道，法学的核心追求是正义，法学的基本价值是公平和平等。从这两点你就可以感觉到，从事法学之路肩负的是正义，努力工作实现的是公平和平等，就像李大钊说的那样："铁肩担道义。"这其实就是法学之路追梦者的使命感。作为一个法学研究工作者，如果自己的研究成果能够上升到《民法典》的条文，想一想都觉得精神为之一振。

你可以看看《民法典》"人格权"编，如果没有几位民法教授的长期研究和坚持，没有立法机关的支持，维护每一个人的人格尊严的"人格权"编就不会成为《民法典》的一编。有的学者为了阻止《民法典》单独规定"人格权"编，甚至提出这样会像乌克兰那样引发颜色革命，你看这个帽子大得吓不吓人？但是我们顶住了压力，终于完成了这个任务。你还可以看一看《民法典》规定的"名誉权"，第1027条规定的是文学艺术作品侵害名誉权的认定与例外，其实最初就是起源于法院审理的具体案件，以及我在理论上概括的小说侵害名誉权的认定与责任，最后成为《民法典》的条文。从民法理论研究成果中概括出法律规则，成为《民法典》的条文，就能够避免文学艺术作品创作中侵害名誉权的行为。从这样的角度去想一想，你就会觉得，从事法学研究之路会有很强烈的成就感。

第四，选择法学之路不会大富，但也不会很穷。研究民法，在民法不受重视的时代，是没有什么钱可赚的，穷的时候，买菜买米都要掂量掂量，再加上有些学生要到家里吃饭，经常捉襟见肘，入不敷出。市场经济发达后，民商法就成热门了，我们的生活水平当然也提高了。各位同学在选择大学专业时，如果你有志于走法学之路，我可以负责任地告诉你，法学不是一个赚大钱的专业，不要想成为一名法学大佬就可以赚到数不清的钱，不可能像公司老板那样，成为拥有豪华别墅、豪华汽车的大富之人。但是，有一点是可以做到的，就是通过司法实务和法学理论研究工作，拥有稳定的收入，保持中等生活水平，更重要的是，保证自己有尊严地生活。其实说到底，一个人生活在这个世界上，并不需要如何奢华的生活，更重要的是有足够的尊严。如果一个人从事的职业，能够让他有尊严地生活，受到别人的尊重，就够了。

江平教授曾经说过，如果有来生，还要做法学教授。我是江老师的学生，虽然不是他的亲传弟子，但我一直在追随江老师的脚步。因此我也坚信，如果有来生，我还要做法学教授，还要做民法学教授。

这就是我想给你介绍的我的志愿。希望对你人生面临的第一次选择能有所启示和帮助，做出你的选择。如果你选择法学之路，在法学之路的跋涉中，希望你能实现自己的尊严、理想和价值。

一起成为法治之光

罗翔（中国政法大学刑事司法学院教授）

又到了高考填报志愿的时候了。我想起 1995 年夏天那个未成年的自己选择专业的场景。与其说是自己的选择，不如说是父母的选择。法律是当时文科的热门专业，所以父母希望我读法律，我不怎么热情也不怎么反感。我对法律并不是特别了解，但年少无知，对于未知的事情总是充满期待。

法律的思维带给我震撼

我对于法律并不反感的一个重要契机，就是小时候看了刘德华主演的电影《法外情》。当时觉得戴着假发辩护的刘德华好帅，后来学了法律才知道，并不是所有地方的律师出庭都戴假发。这个故事讲述的是一位卑微的老妓女蕙兰涉嫌杀害一名富商之子，没有人愿意为此案辩护，蕙兰也想一死了之。但是，年轻的律师刘志鹏接下了这个案子，他发现死者是性变态，蕙兰只是在遭受性虐待时正当防卫致其死亡。但是他不知道的是，蕙兰其实是他的生母。蕙兰发现后，害怕影响志鹏的名声，遂拒绝接受他的辩护。检察官也发现端倪，于是找到早已退休的孤儿院院长玛利亚，要求其出庭作证，证明志鹏与蕙兰是母子关系。因为根据当时的法律规定，律师与委托人不得存在亲属关系。然而玛利亚手按着十字架，坚决地否认了志鹏与蕙兰的母子关系。最后陪审团一致认定蕙兰无罪，法官判决蕙兰系正当防卫，将其当庭释放。直到剧终，志鹏始终不知自己与生母蕙兰的关系。

这部电影给年幼的我带来了很大的冲击，觉得如果有朝一日能够成为律师，除了能够戴上帅气的假发，还能辩冤白谤，伸张正义，实属人生幸事。后来我才慢慢发现，理想和现实总是存在巨大的差距，比如现实中律师开庭是不戴假发的。但是每当我陷入职业的虚无感与犬儒的心态时，我仍然会想起这部影片。

我们时常活在自己的刻板印象中，这本就是人类有限性的一种体现。在某种意义上，人类所有的专业都是小众的，都是对大众观念的一种纠偏。提到法律，大家常常想到惩罚罪恶，甚至有人会觉得学习法律就是现代的"行侠仗义"。年少的时候我很喜欢看武侠小说，心中也怀揣侠客梦，"纵死侠骨香，不惭世上英"。直到现在，李太白的《侠客行》我依然能够背得滚瓜烂熟。

年少时的梦想总是非常简单，非黑即白。但是法律专业的思维却不断挑战我们早已习惯的简单化思维。一直以来，我都认为法律是惩罚坏人的，但后来才发现，问题没有那么简单。记得当年老师讲授法治精神与罪刑法定原则时，其中的观点对当时的我具有巨大的震撼性。老师告诉我们：如果刑法的使命只是打击犯罪，其实没有必要制定成文刑法。它只需存于统治者的内心深处，一种秘而不宣的刑法较之公开明示的法律更能打击一切所谓具有社会危害性的行为。一个国家对付犯罪并不需要刑事法律，

50

没有刑法并不妨碍国家对犯罪的有效打击和镇压。而且没有立法的犯罪打击可能是更加灵活、有效、及时与便利的。在法治社会，刑法不再是刀把子，而是双刃剑，一刃针对犯罪，一刃针对国家权力。法治拒绝对人性持一种乐观主义的假设，它让我们正视自己内心的幽暗。每当我走到聚光灯前，陶醉于众人的掌声与赞美时，法律专业总是在提醒我，要认识你自己，不要因为虚荣让你忘记了内心的幽暗。

法律的训练让我对曾经的侠客梦至少有两点反思。首先，个体的认识能力是有限的，有许多隐秘的事情我们并不知晓，因此个人对于正义的理解一定是片面的。凭借个体对正义的有限理解去匡扶正义很有可能出现灾难性的后果。其次，正常的社会并不是黑白分明、非此即彼的，有时善与善也会发生冲突。人的有限性很容易让我们在自己看重的事情上附加不着边际的价值。

接受有缺陷的正义

人类对正义的追求必须在规则之下，通过规则筛选出人们可以接受的相对正义。这就是为什么法律人非常强调程序正义，也就是凡事要讲规则。从社会的演变来看，只要有社会，就有规则。霍布斯认为，在自然状态下"人们不断处于暴力死亡的恐惧和危险中，人的生活孤独、贫困、卑污、残忍而短寿。"人性充满着竞争、猜疑和虚荣。如果缺少让众人敬畏的共同权力，人与人的关系便是"战争状态"。为了避免这种悲惨的战争状态，人们让渡了自己的权利，形成了社会契约，也就产生了国家。

在自然状态上，人与人之间彼此为敌、彼此互害是人间常态，正义往往是通过私人的复仇来执行的，但是这种复仇很有可能没有节制，不但起不到惩治的作用，反而会破坏秩序。我们的传统思维很难真正接受法治的理念。"父母之仇，不共戴天"，而这种强调快意恩仇的观点，不断地对既定的法律规则提出挑战，让社会失去平衡。所以当面对这种冲突时，法律就起到了维护秩序的职能，并对规则的破坏者进行制裁。无论是孩童的游戏，还是成人的体育比赛，人类都是在不断学习确立规则，遵守规则。但是往往游戏会变成胡闹，比赛会成为殴斗，原因或者是规则本身不公平，或者是有人不愿意遵守规则。这就需要程序正义，一定要通过程序追求法律的正义。

在刑事案件中，由于它调整的是国家和被告人之间的关系，面对强大的国家机器，被告人几乎没有还手之力，因此对国家权力要加以严格的限制，避免权力的滥用。权力导致腐败，绝对权力导致绝对腐败，这是法治最基本的信念。长期以来，很多人都有重实体、轻程序的偏见，这种观念很难改变。当法律的执行者很多时候自诩为正义的化身时，往往会忽略掉规则的限制。但路西法隐含在每个人的内心深处，如果权力不受约束，人内心的幽暗迟早被释放。"凡动刀者必死于刀下"，当人生反转，正义的代言人成为阶下囚，也许他们才能体会对权力的限制和程序的正义有多么重要。正是在这个意义上，程序往往比实体承载了更多的刑事正义。美国最高法院大法官杰克逊（Robert Houghwout Jackson）曾说过："程序的公平性和稳定性是自由不可或缺的要素，只要程序适用公平、不偏不倚，严厉的实体法也可以忍受。"

人类的有限性，决定了我们不可能寻找到一种绝对完美的正义，刑事司法必然是一种有缺陷的正义。通过程序性的规则，人类可以接受一种有缺陷的正义。如果我们只是为了追求实体正义，也许在某个个案中会实现正义，但却打开了潘多拉的魔盒，每一个无辜公民都有可能成为刑罚惩罚的对象，错杀千人也不放过一人的惨剧就会不断重演。这就是为什么法律中一定要禁止刑讯逼供，许多人（包括司法人员）认为：禁止刑讯逼供的理由是因为它会导致冤假错案，在司法实践中，相当一部分刑讯逼供不会导致冤假错案，反而会使得案件得以高效及时地推进。这种刑讯逼供要禁止吗？当然要禁止。对刑讯逼供的禁止不是因为它可能会导致冤假错案，而是因为它在程序上不正义。马丁·路德·金说："手段代表着正在形成中的正义和正在实现中的理想，人无法通过不正义的手段去实现正义的目标，因为手段是种子，而目的是树。"刑讯逼供无疑是有毒的种子，从那里长不出正义的大树。

法律除了强调规则意识，它也要坚持对良善的追求。法律要追求公平和正义，如果你认为这个世界上没有公平和正义，那就谈不上良法而治了，那良善就是一种自我欺骗。只不过我认为这个一元就像完美的圆一样，它存在于理念界，它存在于彼岸。但是在现世中，在现象界，我们接受多元主义。法治在本质上源于多元主义，强调规则中的正义，因此它容忍现实的相对正义。法治并不放弃绝对的正义，只是绝对正义在彼岸，总有一天会俯就这个悲惨的世界。对法治而言，如果在现世追求绝对的正义，这种正义不是走向虚无，就是成为无视规则破坏法治的毁灭性力量。

不讨喜的法律专业

离开了对公平和正义的笃信，法律人很容易堕落为技术主义者。德国法学家考夫曼警诫人们："纯粹技术性的法学不过是一个性工作者，可以为任何人服务，也可以被任何人利用。每个受到良好训练的法学家基本上都能证明任何其想要的结果，反而是那些并非法学家的正派人士不屑于使用这一技能。"作为法律人，我们认为法律有独特的使命，它的一个重要使命在于维护社会的秩序。而要维护社会的秩序，有的时候要接受一种悖论性的存在，一方面法律要维护社会秩序，另一方面法律要防止维护社会秩序的力量本身异化，成为破坏社会秩序的一种力量。所以法治天然对权力要进行限制，这才叫法律之治。

法律专业具有双向的不讨喜，拒绝媚俗与媚权。在民众狂热时，法律人会给他们浇一桶凉水，让他们冷静；在权力奔放时，法律人会提醒他们该踩刹车了。法律是一种冷峻的专业，专业精神注定有人们无法理解的成分。一如托克维尔所言："当人民任其激情发作，陶醉于理想而忘形时，会感到法学家对他们施有一种无形的约束，使他们冷静和安定下来。法学家秘而不宣地用他们的贵族习性去对抗民主的本能，用他们对古老事物的崇敬去对抗民主对新鲜事物的热爱，用他们的谨慎观点去对抗民主的好大喜功，用他们对规范的爱好去对抗民主对制度的轻视，用他们处事沉着的习惯去对抗民主的急躁。"法律的专业精神经常不为人理解，在这个时候，也许我们需要聆听古老的鼓励："不容何病，不容然后见君子！"

孔子和学生们绝粮于陈蔡，七天没吃东西，被暴徒包围，生命危在旦夕。《史记》记载了孔子与最看重的三个学生的对话。

首先出场的是子路，他脾气大，气冲冲地问老师："君子亦有穷乎？"好人怎么也会落到这么狼狈的境地呢？孔子的回答是："君子固穷，小人穷斯滥矣。"所有人都可能遭遇困境，但是君子和小人的区别就在于，即便身处最糟糕的情况，君子会坚持自己为人处世的一贯原则，不会像小人一样为了摆脱困境，什么事情都去做。孔子反问子路：我们的学说难道有不对的地方吗？我们为什么沦落于此，遭此大难呢？子路的回答是：还是我们自己没有做好，所以遭此境遇。但孔子却告诉子路：如果好人都有好报，那怎么会有伯夷叔齐呢，如果智慧的人一定能行得通，怎么比干会被剖心呢？当你遇到了困境和挫折，不要把责任都往自己身上揽，很多时候是我们无法掌控的外界因素造成的。

子路退去之后，子贡来了。孔子问了子贡同样的问题，但子贡的回答是："夫子之道至大也，故天下莫能容夫子。夫子盖少贬焉？"老师的学说太过于理想，所以天下没有国家能容得下您。老师是不是可以考虑稍微降低一点标准呢？孔子对子贡的劝勉是：每个职业都有自己的专业尊严，这种职业的尊严比其他的东西都重要。在自己的专业方面，君子不能去妥协、去讨好，不能降低自己的标准去讨好君王，去谄媚民众。孔子对子贡进行了批评：如果挫折不让你更加坚定自己的专业理想，反而是去降低专业标准，逢迎讨好，那么志向就太不远大了！

第三个来的学生是孔子最欣赏的颜回，大家听听颜回的回答，就知道他为什么是孔子最欣赏的学生。同样的问题，颜回的回答是："夫子之道至大，故天下莫能容。虽然，夫子推而行之，不容何病，不容然后见君子！夫道之不修也，是吾丑也。夫道既已大修而不用，是有国者之丑也。不容何病？不容然后见君子！"正是不被容纳，然后才现出君子本色！我们做不到老师的教导，这是我们的耻辱。老师的学说不被采用，这是当权者的耻辱。不容然后见君子。

如果我们追逐理想，社会给予的都是鲜花和掌声，那也许就不是理想了，那也许就是向世界献媚。那些贬低我的人，更加突显我们理想的宝贵，那些排斥我们的人，更加表明我们的坚守可贵，黑暗拒绝光明，有错的不是光明，而是黑暗。

不容，然后见君子。如果你成为法律人，希望你能坚守法律的专业标准，不媚俗，不媚权。

法律从不追求最好，只是避免最坏

如果你想追求功名利禄，当大官，赚大钱，法律专业不一定是一个好的选择。法律拒绝追求最好，只是避免最坏。所以它无法给你许诺一个最好的人生，但也许能够防止你出现最坏的局面。当然，这并不是意味着学习法律就无法获得世俗的成功，成功只是职业的附随价值。好医生的标准不是名利双收，而是医术高明、医者仁心，这样的医生通常能够得名得利。按照法律的专业精神努力工作，有可能获得世俗意义上的成功，但这种成功只是附随的目标，它并非专业的根本目的。

法学院有部必看的电影《魔鬼代言人》，年轻有为的律师凯文禁不住高薪豪宅的诱惑，带着妻子从家乡来到纽约发展，在一个又一个成功中迷失了自己。为了追求利益和打赢官司，他放弃了律师操守；为了追逐胜诉，不惜隐瞒证据；为了事业牺牲家庭，甚至导致妻子自杀。最后他才发现，他其实是魔鬼的私生子，成功全都来源于魔鬼的操控。魔鬼正是试图通过成功让我们放弃自己安身立命的美好价值。在影片的结尾，魔鬼说了一句意味深长的话："虚荣，无疑是我最爱的罪。"在这样一个成功主义价值观弥漫的世界，我们如何以一种更高的视野看待我们的专业，这是每一个法律人都要去思考的问题。古人云：读万卷书，行万里路。阅读经典才能对抗潮流，了解世人真实的疾苦才能知道法律的公平和正义不仅仅是一套说辞。

总体上来看，法学的就业面还是比较广的，建设法治社会，需要越来越多的法律人才。不少法律专业的同学毕业后会去公检法司等政法机关，当然也有的会去其他政府机关和企事业单位，做律师的同学也不少。有趣的是，大部分同学最后都没有从事法律行业，有做企业的，做主持人的，还有不少和我一样去学校做老师的。专业只是一块敲门砖，为你打开一扇大门，里面也许有无限可能，学习法律并不一定就要从事法律行业。准确地说，社会的方方面面都离不开法律，所以也可以从事社会生活的各行各业。

可以肯定的是，人生所有的选择都是不完美的。选择意味着放弃，当任何一种选择遇到挫折，后悔总是如影随形，我们总是会想如果当初选择另一个专业，情况会不会更好。然而，人生没有那么多如果，只是我们在进行选择之前，应当对拟选专业有一个基本的认识。法律从不追求最好，它只是避免最坏。对于每一位选择法律的同学，我推荐大家看三本书：一是卡夫卡的《审判》，二是加缪的《局外人》，三是托尔斯泰的《复活》。这三本书提醒我们，人类的法律制度具有天生的不完美，有时会让人有荒谬的感觉。但是唯有认识到不完美与荒谬，我们才有追求完美与拒绝荒谬的力量与勇气。为什么人类不是夜行动物，而被设计为白天工作晚上睡觉，也许这正是为了提醒我们，无须与黑夜纠缠不清，不如躺下休息，从容迎接每一个清晨的到来。

我们都在借来的时间中生活，感谢你选择法律专业，用你最宝贵的时间为法治建设添砖加瓦，愿我们一起成为法治之光。

法学专业学生访谈

取景框看世界

一个凡老师 | 法学

我目前本职工作是一名律师。

把法律作为第二专业或者辅修，市场认可吗？

在各行各业中，学历歧视是不可避免的。一些高级律所或法院可能要求律师必须是 211 大学法学专业的本硕连读，甚至只招收"五院四系"（"五院"指中国政法大学、西南政法大学、华东政法大学、中南财经政法大学、西北政法大学；"四系"分别是北京大学、中国人民大学、吉林大学、武汉大学这四所大学的法律学系）的学生，这是正常现象，因为有些客户喜欢看到团队的履历特别漂亮。然而，只要你能通过法律职业资格考试，你在人才市场上就会得到认可，因此，不必太担心你是二专或辅修生。

此外，律师应该意识到，客户选择律师并不是基于学校、背景或专业，而是看中律师能否解决问题、赢得官司，给客户带来信心和安心的感觉。因此，律师应该专注于提高自己的核心竞争力，而不是纠结于学院或背景。只要你踏踏实实地做案子，踏踏实实地为客户服务，一定会得到市场的认可。

作为律师，时间管理很重要，因为你的时间会被大量的需求占用，很难有时间去做自己想做的事情。因此，如果你正在学习法学专业，我建议你要抓紧时间谈恋爱，因为毕业后你将全身心地投入案子和服务客户中，几乎没有时间谈恋爱。

最后希望更多的同学可以加入法学专业里来，让我们一起为法治中国建设添砖加瓦。

王骁 Albert ｜国际关系

我毕业于美国爱荷华大学，获历史和国际关系双学位。毕业以后曾经在新闻媒体工作将近五年的时间。

国际关系专业会学习哪些内容？

我就读的国际关系专业有三条线，分别是国际冲突、国际商务和文化交流。国际关系需要选择一条线，然后就着这条线的范围来选课，我当时就选的是国际冲突。

说实话，我现在有点后悔学国际关系。好的国际关系学习，一定是不能够待在书斋里头学理论的，理论的用处有限。以前国际关系真的是帝国学，就是为了给帝国主义储备殖民地官僚，必须实地考察，学语言，体验文化，混圈子。没有真金白银的实力，还真学不好。

小徐｜政治学

我本科就读于复旦大学历史系，研究生就读于复旦大学政治学系，现在是媒体从业者。

政治类专业会学习哪些内容？

政治学主要会学习研究方法，包括调研分析等；还有学习经典理论，比如马克思主义的政治学理论和西方现代政治学的一些理论；还会去社区等做一些案例和调研。

选择政治学研究，首先要对现实社会有一种关切和热心，这是非常重要的；其次你要对公共事务有一些基础了解，并且愿意去了解这类问题；最后就是要善于掌握研究方法，但这个都是在学习过程中会学到的。

政治学是一门理论和实践结合比较紧密的学科，需要做田野调查、了解案例、去到现场。如果你愿意花功夫的话难度倒是不大，但是如果你只是闭门造车地去思考，可能还是比较难学好的。

政治类专业的就业方向是什么？

政治学的同学因为掌握了比较强的研究能力，主要去向其实是公务员，也有去咨询、游戏公司的，因为这些公司也有研究部门。政治学专业一直以来学生都不多，所以就业情况和收入水平相对来说都是不错的。

多罗西123 ｜ 社会学

我本科期间修完了社会学、哲学和心理学三个学位，目前是耶鲁大学社会学系在读博士。

社会学专业会学习哪些内容？

社会学的课一般分为两种。

第一种是理论，分为由上至下的宏观社会学和由下至上的微观社会学。宏观社会学是关于社会结构如何影响微观的个体；微观社会学就更强调人也是可以影响社会的，并且更注重人与人之间的互动。

第二种是教你研究方法，分为以统计学为基础的定量研究方法，和以田野调查为基础的质性研究方法。大家其实可以直接去网上搜北京大学或者复旦大学社会学系必读书目或课程表，就能了解大概的学习框架，如果你有感兴趣的书也可以直接找来看。

社会学专业的就业方向是什么？

社会学的就业方向大概包括以下几种：第一种是去政府做公务员；第二种是进企业从事管理岗或者行政岗工作；第三种是做学科研究，进高校或者社科院做社会学研究；第四种是进新闻媒体。

可妈可吗 ｜ 马克思主义原理

我的本科和硕士学习都是在清华大学新闻与传播学院完成的。博士阶段是跨院申请成功转方向到清华大学马克思主义学院，攻读马克思主义原理博士学位。

马克思主义原理专业会学习哪些内容？

我们学校的马克思专业分为六个方向，分别是马克思主义基本原理、马克思主义发展史、马克思主义中国化研究、思想政治教育、中国近代史基本问题研究，以及国外马克思主义研究。这些名字可能有些花里胡哨，非常不严谨地概括一下，就是史学方向、哲学方向、西方马克思主义研究、中国化研究和政治经济学研究、思政研究和思政教学研究。我本人的方向是政治经济学研究，以资本论和马克思经济学相关手稿的理论为基础，然后衍生出很多经济学的原理，去研究解决现实问题。

法学

对于学文科的人来说，基本素养就是要肯下功夫读文献。因为马恩的文献内容非常丰富，经典原著也很多。虽然不是要全部都读，但是和自己研究方向相关的经典肯定要读。而且，马克思本人是一个大哲学家，所以他的原著难度较高，阅读理解能力可能是一项必备的要求。此外，写作能力也很重要，需要勤写，才会有一些学术论文发表。

学习马克思主义相关专业的感受？

每个学科都有自己的难点，哲学方向的难点可能是思维难度高，史学方向则是获取一手资料难度大，经济学方向则可能是方法难度高。现在的政治经济学研究更注重量化研究，这使得质化研究者的日子变得更加艰难。不过，我非常喜欢自己的学科，因为通过阅读和学习马克思，人们可以对当下发生的事情有更深刻的理解，如中美关系、性别对立问题、生育婚姻问题等。此外，唯物史观与辩证法也是非常通透的思维方法，掌握这种方法可以帮助人们建立成熟的思考体系，增强自己的事物辨析能力，在信息世界中也会有自己的独立思考，不会被人当猴耍。

④

教育学

教育学类 体育学类

教育学是属人的

杨一呦（上海师范大学教育学院讲师）

如果不是应邀写这个稿子，我可能不会这么仔细地回顾我与教育学专业的关系。细细算来，本科（四年）+ 硕士（二年）+博士（四年）+ 博士后（二年）+ 工作（二年）= 十八年，它准确回应了我在视频网站简介的那句话——"青春献给学术，余生回馈生活"。可以说，教育学陪伴我度过了整个人生的成长期，在这个浪漫的时间节点上，我既对本专业有了现实认知，也还不至于产生刻板看法。我就以自己十八年的专业经验，给十八岁的你一点建议。但我要事先声明，以下更多是我个人经历的复盘，只有真实性，没有权威性。

教育学是属人的

教育学是一个温和的、饱受争议的、厚积薄发的专业。在我的感官世界中，教育学已然不是一个专业，而是一个人。一个温和的、饱受争议的，并在经历磨砺、后厚积薄发的女子。

说她温和，是因为教育学天然地与人有一种亲近感，有人的地方就有教育，有生活的地方就有教育。此外，这个专业对男生、女生都很友好，只要你对教育有些兴趣和热爱，教育学是会向你张开怀抱的。

说她饱受争议，是因为读完教育学看起来什么都能做，实际上什么都做不好。还有很多人认为读了教育学就理所应当地能当老师，没当上就觉得"被骗了"或"后悔了"。这是在报考前没有弄清楚专业与职业的关系，这个锅教育学不背。

说她厚积薄发，因为她跟其他效用显著的理工科专业不同，教育学的学习成果往往是"不可见"的。在这个"快"的时代，厚积薄发显得有些跟不上步伐，因此中途劝退了很多人，但这的确可以大浪淘沙，筛出合适的人才。

在教育学专业这么多年，我对她的困惑远多于她带给我的澄明，对她的抱怨也远多于对她的赞美。

对教育学的困惑

困惑一：教育学仅是一个专业的名称吗？

教育学是教育部规定的普通高等学校本科专业十二个门类中的一个，包含教育学类和体育学类，而教育学类又包括教育学、科学教育、艺术教育、小学教育等专业。

目前，国内师范院校和一些综合性大学都开设了教育学相关专业，比较好的学校有北京师范大学、华东师范大学、东北师范大学、华中师范大学、陕西师范大学、西南大学，这六所院校是教育部直属的师范大学，据说被称为"师大六姐妹"，实力都很强。此外，像首都师范大学、上海师范大学、南京师范大学这些"非亲姐妹"，实力也不容小觑。你经常看到，南京师范大学毕业的学生和北京师范大学毕业的学生最后进了同一个单位，成了同事，所以专业排名对个人的发展仅是影响因素而非决定因素。

困惑二：教育学这个专业出来是当老师的吗？

关于这一点，大家一定要清楚，教育学（本科）的培养目标并不指向培养中小学学科类教师，通过其专业学习内容的构成可以看出，教育学专业对学生的培养偏理论研究，按照《普通高等学校本科专业类教学质量国家标准》中的表述，教育学专业旨在培养能在中小学、教育科学研究机构和各级教育行政部门等从事教学、研究、管理等方面工作的复合型人才。

从这句话中，我们可以解读出两方面含义：一方面，教育学专业的学生可以胜任学校的教学工作，但这不是他们的主要优势，因为他们缺乏学科背景，这部分需要自己补足；另一方面，教育学专业与教育科学研究关系密切，它可以为学校和教育科研部门输送科研人员（工作），也可以为相关管理部门输送后备人才（考公），还可以为研究生教育提供优质生源（考研）。因此，教育学专业的复合型人才是偏理论取向而非实践取向的。

更进一步讲，教育学专业毕业后能不能当老师，取决于两个条件：第一，是否持有教师资格证；第二，招聘岗位对专业的具体要求。举个简单的例子，小呦同学是教育学应届毕业生，且持有教师资格证（英语），这时某市公立中学正在招英语教师，要求教师本人是"持证"且为"英语师范专业"毕业。这种情况小呦同学就无法应聘，因为虽然"持证"，但不是英语师范专业出身。当然，我举的是比较严苛的例子，如果你持有学科类教师资格证，也有学校是不要求本科专业的，也有可能更倾向教育学专业，因为该专业的学生理论意识和研究能力稍强一些。

由此可知，大家在报考专业时，切记不可单纯"根据专业推断职业"，就像教育学专业的学生毕业后不一定做老师，学高等教育的学生毕业后不一定能进高校，学教育管理的学生毕业后不一定能成为管理层。

困惑三：对于做老师而言，教育学专业的学生与中文等专业的学生在专业学习上有何区别？就业中有何优势？

通常情况下，教育学专业更加偏重对教育基础类知识的学习，如一些比较核心的课程有《教育原理》《教育心理学》《教育史》等；中文专业则会沿着文学的脉络展开学习，如《中国当代文学》《中国古代文学》《现代汉语》等。因此，前者更加注重教育知识，后者更加注重学科知识。

这个差别对于"成为教师"这件事有什么影响呢？我们来回顾下成为教师基本的两大知识结构：学科知识（教什么）＋教育知识（怎么教）。因此，师范院校的这两类专业的学生，都可以成为教师，但是各自的知识优势是不同的。倘若教育学专业（本科）的学生A想要考中学教师资格证，那么他要选择一个感兴趣的学科，增补这方面知识，进行考试；倘若中文系专业（本科）的学生B想要考中学教师资格证，那么他的学科已经由专业确定了，他需要增补教育学的知识，以便顺利通过考试。

因此，如果你有志做一名学科类教师，从事数学、英语等学科的教学工作，我倒是认为，选择师范类院校的相关专业（如汉语言文学、物理学等）可能会更加适切。

如果你暂时对学科类的专业不那么感兴趣，但是喜欢教学和科研，能沉下心来学东西，那我觉得教育学专业会比较适合你。当然，以上两个"如果"在横向上互补都可通向教师职业，在纵向上也都有助于你继续深造。区别是有学科专业背景的学生在考专硕上具备优势，有教育学基础的学生在考学硕上具备优势。

与教育学共处这些年，她带给我最有价值的不是教育学知识，不是教学方法，不是"博士"这一称号，也不是大学老师这份工作，而是一种向下扎根的能力、相对稳定的心态以及凡事不直奔答案的思维方式。对这个专业的学习，如果想学得好，你需要刻苦且要坐得住冷板凳，如果还能经常在理论和实践之间穿梭，就可以在获得稳定内核的同时，摆脱掉成为书呆子的风险。

从专业到职业：我怎么就做了老师

对我而言，专业不是第一考虑，学校才是。我那年高考是先估分后报志愿，高考期间我严重失眠，觉得考砸了。我妈在火车站语重心长地跟我说了一句："你能当个老师我就知足了"。于是我就报考了当地某师范院校。成绩出来后，我才知道，我不是发挥失常，是估分失常，只好成功圆了我妈的心愿。"认知决定发展"，那时候我没有什么认知，但在我妈眼里，教师就是太阳底下最光荣的职业。谁要敢说不是，我妈都能夺走他的阳光。

后来工作了，领导和同事都觉得我乐观、开朗、有活力，即便工作很忙、科研压力很大，也从不抱怨。其实他们错了，我早就职业倦怠了，但每当我有一丁点儿倦怠和抱怨的萌芽，都让我妈给解决了，思想落脚点与十几年前在火车站和我说的一样——知足。

其实，很多人选择大学专业时都没有那么清晰的方向，若能够增加对专业的了解，定会减少失误的概率。但是再周密的抉择，也不能保证绝对正确。我们应该允许偏离，及时校正。

例如，起初我是非常不喜欢教师职业的。我从小不是一个好学生，爱玩、淘气、搞破坏，最重要的是学习不好，所以老师们都不太喜欢我，顺理成章，我也就不太喜欢他们。

后来，真正改变我对教师职业看法的是我的硕导宁老师。在他的身上，我看见了教师职业的光辉！那几年的教师教育训练让我痛并快乐着，那时候的我"不舍昼夜"，一心只为让"学生的认识发生"。宁老师为我整个教师教育职业生涯打下了底色，种下了种子，这颗种子有一种内在的向上生长力，它引领我、召唤我，直到现在。

从那时候起，我就知道，当老师，不用做给别人看。你把自己做好了，自然就实现了对学生的教育。所以，"一言一行、为师为范""身教胜于言传"，真理都在这些古话中，一点没错。

从学生到老师：TA 有话要说

师范院校有这样一个现象：文多理少，女多男少。关于"女多男少"这个说法，我的措辞还是过于收敛了。我读本科那年，我们学院的男女比例是 1:9；我上班这年，一个班级九十八名同学，只有五名男生。记得去年，有朋友问我："你这么好看，一定有学生给你写情书吧？"我自豪地甩了甩头发，说："当然！"接着补了一句："情书都是女生写的。"

除了像我一样在教育学专业上狂奔外，我们专业也有很多其他出路。很多学生在毕业之际或工作之后和我聊他们在工作上的困惑和成长。

小雨：
找到工作了，反而迷茫了，且迷茫得十分清晰

第一是教师缩编问题。今年出生率已经出现负增长，有点担心未来会出现教师比学生多的现象，我所在的学前教育阶段是最先受影响的一批，现在越来越多的地方编制饱和，开始使用备案制和合同制，我也刷到新闻说会回收编制，有点担心中年失业。

第二是学历内卷问题。今年找工作才发现不仅学历贬值还内卷，我们一个普通省会城市幼儿园都招到硕士了。当我知道五个北师大学前硕士、好几个部属师范院校的硕士来教幼儿园的时候，我既开心又难过，开心的是教师质量有在慢慢提升，替孩子们开心能有这样优秀的老师来教；难过的是我们读书读到现在，却只能来教幼儿园。现在就业环境也已经由不得我们选择。

第三是考博或躺平，工作后何去何从。学历贬值以后就觉得硕士高不成低不就的，我们专业只在一线还好，硕士学历确实够了，但如果以后想去高校，读博还是很有必要的，我是有点"躺不太平"的人，在一线做一辈子似乎也不是我很理想的状态。可是我该怎么办呢？我不知道。

Kitty：

开始工作了，每天在"小天使"和"小怪兽"之间周旋

"我什么时候才能退休啊"，这是最近最常挂在嘴边的话。然而现实却是，我刚签完三方，连教师生涯都还没有正式开始。我目前被安排在一所百年老校代课实习，从去年一个班级二十六人，到今年三个班一百二十人。教学强度的激增让我慌了手脚，每天拿着教具穿梭在不同教室，嘴里念叨着"今天一班该上什么？二班是不是还没有上过？三班要不要上？糟了作业是不是忘记查了……"感觉自己本来不多的脑容量就快满到爆炸。

而以上这些不是最让我痛苦的，最让我痛苦的，是那些少数"极端分子"学生：极端不爱写作业的、极端上课爱说话的、极端小动作多的，还有极端爱打人的……原来孩子们中不仅有"小天使"，也有很多"小怪兽"啊。因为他们，上课常常被打断，要空出大量时间管纪律，大声呵斥有时也起不到效果，伤身又伤心。我开始质疑自己，是不是不适合当老师？现在转业还来不来得及？做什么工作可以少生点气？

不行，不能让负面情绪影响自己太久。热心有经验的老师告诉我，一方面，要有针对性地应对这些学生，对屡教不改的学生采用强硬的措施，该罚则罚，树立好威严和规矩；另一方面，熊孩子的背后可能是熊家长，有不良学习习惯的孩子可能有比较复杂的家庭环境。开始我对此没有深刻的认知，直到和几位家长电话联系后才发现：李同学有暴力倾向是因为妈妈、奶奶过于宠溺且爸爸在家经常打他；许同学经常上课向后转是因为被诊断为"多动症"；张同学作业完成不好是因为妈妈难产去世，家里只有老人，没办法辅导作业。了解完这些背后的故事，感觉自此自己

看待这些孩子的眼光有所改变，并反思一个孩子的成长，受很多因素影响，这些因素里也包括我。

工作中当然会有不开心，世界上应该也不存在没有烦恼的工作，主要在于自己对它的认知和态度。所以，工作时认真工作，生活时好好生活。

金子：

工作两年了，在"自由与规训"的工作中体验教师职业的"小幸福"

在任教的这段时间里，我有过喜怒哀乐，亦有过纠结、彷徨和不知所措。我所在的院校为大专，在开学第一课，我曾和同学们说过，上课时我是他们授业解惑的老师，下课后我们就是谈笑风生的朋友。但是，学生整体的学习积极性并不高，这在上课时体现得尤为明显。所以，我会在上课时融入较多的游戏，激发学生的发散性思维，并经常与学生进行互动。但慢慢地，我发现，学生在我的课堂上少了些"规矩"，在讨论问题时也会由于太过激动和兴奋而出现"刹不住"的情况，给予学生太多的自由会使课堂失控，但太多的规矩又会使课堂失去生气，我经常在两端徘徊。

当然，我时常也感到幸福，但是这种小幸福门槛很低，走得也很快。当看到有学生在变好，看到他们对我的关爱，看到办公桌上的夹着秘密的小纸条，我会感到欣慰和幸福。我对现在的工作整体上还是满意的，最起码个人的工作和生活是能够分开的，工作时兢兢业业，生活时也能享受惬意和舒适。步入工作后我更加依赖自己而非他人，无论是对工作和生活规划，还是对时间的规划，都是根据自己的判断来决定的，这让我对自己更加有掌控感。教师这份职业任重而道远，我如今方有体会，路漫漫虽其修远兮，教育初心和使命都要牢记，慢慢前行吧。

看完这些毕业学生的想法，我想很多人会打退堂鼓，困惑、迷茫、挣扎、疲惫毫不客气地占据了我们对教师职业感受的大部分篇幅。但是试问，有哪份工作是不辛苦的呢？我们试图去寻找一个性价比最高的工作，但其实这份"性价比"的获得，在工作属性的角度是无法提供的，你只能用主观行为把它塑造、调整为你想要的状态。坦诚地讲，教师职业最难的就是在开始这几年，把这几年走过来，后面的路会顺利得多。所以在开篇，我会说，同样的职业，不同阶段、不同学科、不同年龄段的人以及不同的个体，对她的看法都不同。

但如果你问我，对教师职业的感受，我想我也很难给出准确的答案，因为不管我说什么，总有人认同，也总有人反对。

我们现在很容易受到负面消息的干扰，尤其是当我们看到"教师职业不再是铁饭碗""做教师劝退第 XX 天"这样的消息时，更会加剧恐慌。在面对这样的问题时，要清楚一个底层逻辑：感受是个体的，说说就过去了，但是当事情过去，那种抱怨、疲惫、不满的情绪却发酵了，且凭借互联网的魔力在蔓延，它拨动你的思绪，影响你的判断。可能视频创作者已经从辞职的阴霾中走出来了，但是他的阴霾还继续笼罩着你。

所以这个问题，能否换个方式来问我："如果再给你一次选择机会，你还会从事教师职业吗？"我的答案是："会。"这一个字无须解释，足以说明一切。

你与教师职业的匹配度

你如何确定自己对这个职业的情感？其实，当你正在且比较稳定地从事某个职业的时候，你很难意识到自己对它的真实情感，因为这点微弱的火苗很容易被疲惫的内心和烦琐的小事浇灭。但如果有一天，一个更有发展前景（钱景）的其他行业offer摆在你面前，你会如何选择？如果你的选择不是犹豫、纠结、权衡利弊后的产物，而是本能的产物，就可以验证出你对这份职业的情感了。

因此，个人特性与职业的匹配度是影响职业选择的重要因素，你可以从以下几点检验自己。

第一，你做事情有耐心吗？性格太急的人是学不好教育学，也做不好老师的。在教育学上，你可能要花费很多"无用功"。例如，你学了一学期，觉得自己什么都没学会，而且越学越乱；你含辛茹苦地教了半年，你发现那些孩子没有什么长进。无论是学习还是工作，教育学领域的很多成果是不可见的，它时常会让人懈怠、疲倦，进而产生对自我的怀疑和否定，但是一旦你度过没有方向的、迷茫的时期，你会惊讶地看见自己的改变，你会成为自己成长的见证者。与此同时，你所获得的能力是他人在短时间内难以超越的。

第二，你具备把复杂问题简单化的思维吗？无论是基础教育的学科类教学，还是大学中的理论类教学，教的中介是一系列经过时间沉淀的教材，它们离你和学生都很遥远，它们可能过于抽象，并不有趣。那么，你能否用你的方式引领学生走近它们，这就要看你的本事了。

第三，如果你的课不能让学生有所得，你会反思吗？教师的幸福感和钱无关，让你上好一节课的原动力，根本不是工资，而是出于对学生的情感。如果我的课没有让学生有所得，我会有愧！如果我这节课上得特别水，我会有愧！这种"愧"是朝向自己的，无关他人，因为一节课上完了，从工作量的角度，我已经完成了，但是那种愧疚的感觉却一直存在。这只是简单的一个标准，但这个标准足以丈量出我们离教师职业理想的距离。

和"一劳永逸"说再见

不管正在阅读这段文字的你，是准备报考还是已经报考了教育学，是报了教育学专业还是其他专业，是以后做教师还是做律师，你会发现，我们的未来是光明，但通向未来的路并不平坦，它曲折又漫长，颠沛又流离。没有放之四海而皆准的办法，也没有绝对稳定不变的工作，"一劳永逸"的心态基本可以与这个时代说再见了，我们需要的是"持续努力"。

高考的确是你人生的分水岭，但不是唯一的分水岭，山间的溪流奔入大海的路线都是曲折、反复且漫长的，能够"飞流直下三千尺"的不是小溪，是瀑布，你们也一样。所以，你不要指望自己可以一步登上"高地"，因为你要给自己余生的努力多留点余地。

下面的话，对两类同学说：

如果你考上了自己理想的大学，这当然值得庆贺，这是一个了不起的起点。到达了这个起点，你可以高兴一阵子，大大方方地摆个三天的流水席，你值得接受身边人对你的祝福，这个成绩是对你寒窗苦读（或天资聪慧，无须苦读）最好的肯定。但是，请在有限的时间里，迅速清除这些赞美和褒奖，从高考的结果看，你的确是一下子"甩掉"了很多人，但是进入大学后，又开始重新洗牌了，骄傲和松懈很有可能让你成为"被甩掉"的那个人。所以，多想想如何借助这个起点，让自己迈向新高度。

如果你没有考上自己理想的大学，这的确是一种遗憾，但不管什么原因，你自己一定是促成这种遗憾的原因之一。这时候，我希望在你的大学四年，能不断咀嚼两个主人公：龟兔赛跑里的"乌龟"和卧薪尝胆里的"勾践"。咀嚼到什么程度呢？不是知道了、记住了、懂得了，而是悟了。把他们俩放到一个足够高的位置，高到二者的余晖可以照亮你一蹶不振和郁郁寡欢的时光。如果你的遗憾重塑了你，那你就是那个反败为胜的人，人生的路曲折且漫长，跌倒后要学会自己爬起来，最有力量的不是突击的努力，而是默默努力然后惊艳所有人。

最后，愿你的努力都有意义，愿苦尽甘来之日，日月星辰都为你作礼。

教育学专业学生访谈

取景框看世界

赵航 | 教育学

我本科就读于河南大学汉语言文学专业，研究生就读于华东师范大学汉语国际教育专业。

教育学专业会学习哪些内容？

教育学分为学习理论和实践两个部分，其中教育心理学在理论中占据重要位置。教育学与实践是不可分割的，本科和研究生阶段都需要到幼儿园、小学和中学进行实践。通过这样的实践，可以更好地了解学生和互动，进而更好地应用教育理论进行教育。

教育学可以分为两类，即教育学和学科教育。前者包括学前教育、成人教育、远程教育、教育技术和教育心理学等；后者则更加偏向于实践性，如学科语文、英语和数学等，主要面向中小学教师。除此之外，还有一类适合进行科研的教育学专业，学习内容更加抽象和理论化。

有一个比较特别的学科是学前教育，是一门专注于幼儿园的学科，对应的就业岗位也是幼儿园。此外，教育神经科学是近年来兴起的一门学科，具有很好的前景，感兴趣的同学可以关注下这个方向。

教育学专业的就业前景如何？

学科语文、学科数学等专业的大多数对口职业都是教师。

教育神经科学和教育心理学，这两个专业的学者做学术研究的潜力比较大。从大的趋势来看，教育在国民心中的地位只会日益提升，无论是公办中学、私立中学、辅导班或者自己开办教育机构，对教师的需求都会与日俱增。

举个例子，如果想成为一名中学老师，读取文学院的古代文学、比较文学、现代文学等专业可能比学科教育语文更好。因为学科教育语文是一个专硕，它学习的内容不如文学这些学科深入。

⑤

文学

中国语言文学类 外国语言文学类 新闻传播学类

青春、大学、文学，
这三个词是相通的

黄平（华东师范大学中文系教授）

1999 年的 9 月，站在吉林大学南校区行政楼下，我一时不知道应该去几楼报到。吉林大学文学院在行政楼的九楼，我要去报到的学院在行政楼的十楼。走进电梯，按九楼还是十楼，是不是就意味着完全不同的大学生活？

和大家聊志愿，我也许是这个系列里唯一一个高考没考上该志愿的作者。但这或许更能证明：真正的志愿，不是填在表格里的，而是从内心长出来的。

志愿的志，是立志的志；志愿的愿，是心愿的愿

作为当地的文科高考状元，我不能说自己考得很差。没有什么发挥失常之类，和高三以来的每次模考相似，我依然领先第二名三十分以上。之所以没有考上第一志愿中文系，一方面是我所在的世界太小，水平有限，信息闭塞，不了解当年的吉林大学

中文系有定向招生；另外一方面，可能我过于热爱文学。高中三年，我很少刷题，倒是在图书馆里泡了三年，读完了鲁迅先生的小说全集和杂文全集，也按照上海译文出版社 20 世纪 90 年代出版的一套《世界文学名著普及本》指引，从封底书单的第一行《安娜·卡列尼娜》，读到了最后一行的《凯旋门》。

在读到这些名著之前，初中的我，原本想学法律或物理。想学法律，是受当时正在热播的电视剧《法网柔情》影响，刘松仁和米雪的律政剧，看得少年的我目瞪口呆。我从来没看过这样的电视剧，我当时跟着爸妈看的电视剧是《破烂王》或《木鱼石的传说》。20 世纪 90 年代初，我们家乡挨家挨户安装的闭路电视，基本上是 TVB 电视剧的舞台，经常播出律政剧。当然，也在热播赌片电视剧，我也爱看 TVB 的《千王之王》或者亚视的《胜者为王》，但总不能将当老千设为志愿。为什么想学物理，道理就更简单了，我物理成绩很好，至少比语文成绩好。

家乡的县图书馆，改变了我的一切。初三毕业的时候，父亲给我办了一张阅览证，那天县城的马路像暑假时一样安静，在高纬度的阳光中，一切都亮闪闪的。我第一次闯进书库里，兴冲冲地把所有的《呐喊》抱起就走，身后是笑得发颤的一个很胖的管理员。读着武侠小说长大的我以为，《呐喊》名气这么大，至少应该是五卷本以上的鸿篇巨制。高中三年，我就在这家常常只有我一个读者的图书馆里，与狄更斯、雨果、托尔斯泰、普希金相遇。藏书架一排排向书库深处延伸，阳光从高墙上的通风窗斜照进来，空气中浮动着金色的微尘，充满着一种密林中的气味。我忘不了那个环境，万籁俱寂、神圣安宁，宛如教堂。在多少个周末的下午，我就这样漫游在书库里，寻找着《双城记》或是《大卫·科波菲尔》的下册。天知道上一个读者把书藏到哪里了，但是这种漫游过程，就是无尽的盛宴。一本本书就像一道道门，我从隔着群山与大海的东北边陲出发，走进维多利亚时代的伦敦，或者走进法兰西共和国的巴黎。试想一下，当时我每天的活动半径不超过三公里，学校里的课程连语文都很乏味，校长和教务主任们戴着茶色眼镜，腰带上别着 BP 机和一大串钥匙在校园里走来走去。放学回家，躺在床上，翻开《巴黎圣母院》……就那么一瞬间，卡西莫多从圣母院的钟楼上飞了下来，飞越巴黎泥泞的街道，冲散喧嚣的卫队，掠过教士阴沉的长袍，一双大手将艾丝美拉达搂在怀里，一下子飞回圣母院，大喝一声："圣地！"——我感觉那一刻从钟楼上飞下去的不是卡西莫多，而是我。

在人工智能时代，谈论"灵魂"似乎不合时宜，但是文学从来不是文字的堆砌，文学是从作家的灵魂中来，到读者的灵魂中去，万物有灵，生息与共。我决定报考中文系的时刻，可能是高三某个晚自习结束的夜晚。初春的北国，昏黄的路灯照亮半空，不知是雨是雪，洋洋洒洒。我罩着雨披，骑着自行车，恍惚地瞥见蜷缩在商场橱窗下的流浪汉，裹着脏得发亮的棉絮。那一刻一行句子闪现在眼前，带着陀思妥耶夫斯基沉重的呼吸："世界上还有一个人在受苦，他就是我的兄弟"。

回想起来，从这座已经消失的图书馆开始，我以文学为我的志愿。现在看来，往昔的一切或许带着青春期常见的矫情、夸张、自以为是的使命感，以及浪漫的英雄主义。这一切未必很好，但始终比当今常见的冷漠、世故、精致利己的理性人以及孱弱的犬儒主义要好。我从未后悔过从一排排书架前开始的文学路，在高考没有考上第一志愿中文系的时候，我也坚信并不会远离文学。硕士阶段，我考回了中文系，就读本校中国现当代文学专业；博士阶段，我考到了中国人民大学，并在博士毕业后来到华东师大中文系工作。多么幸运，这所丽娃河畔学校的中文系，是中国最好的中文系之一。二十多年后回望，少年时的理想，原来真的可以实现。我对那个徘徊在图书馆门前、穿行在细雨中的高中生，有了一份交代。

最契合大学精神的专业

不需要多么高级的说文解字，志愿这个志，是立志的志；志愿这个愿，是心愿的愿。这篇文章的读者，可能更多的是高三的同学及家长。我想对同学们说：唤醒内心的激情，理想永不停歇。我想对家长们说：没有内在的驱动，外在的利益再大，一个人也不可能走得太远，终究有倦怠的那一天。我尊重本系列里每一位同仁的看法，仅仅就我来说，世界上最好的志愿是中文系。在十八岁这个年龄，与古今中外最伟大的灵魂相遇，超越逼仄的庸常，感受壮阔的内心与广袤的世界，这是多么自由舒展的生活。和大学的精神气质最契合的专业，我一直以为就是中文系。青春、大学、文学，这三个词是相通的。

中文系学什么？每所大学的课程设置，有大同小异之处，但主干课程相似。请注意，中文系的全称是中国语言文学系，包含着"语言"和"文学"两个不同的向度。语言学方面的课程，代表性的有语言学概论、古代汉语、现代汉语等基础课乃至于训诂、音韵、方言等专业课。

作为从事文学研究的教师，我重点介绍文学类的课程。就我所在的华东师大中文系来说，文学类课程大致分成两类：以文学史为中心，以文学作品为中心。以文学史为中心的课程，大致分为中国古代文学史（先秦到晚清）、中国现当代文学史（"五四运动"到中华人民共和国成立为现代文学，1949年以来为当代文学）、外国文学史（中国文学以外的欧美亚非拉文学史）。文学史课程为同学们构建完整全面的文学发展脉络，在此基础上，以文学作品为中心的课程，细读中国文学经典与外国文学经典，比如精读《史记》、唐宋诗词散文、元明清戏曲、鲁迅小说，等等。

以上两类课程之外，还有一些各自方向的选修课，同学们可以按照兴趣选修。比如我有一门面向三年级同学的专业选修课，叫《文化研究导论》，简单一点说是运用文化研究理论，分析一些热点文化现象。在我写这篇文章的同时，我还在准备本学期的讲义，最新一讲是分析《甄嬛传》中的内卷文化。所以大学的文学教育，也不完全是大家想象的以古为师，和当下的文学与文化，结合得也比较紧密。

在介绍完这些知识性课程之后，我尤其要纠正一种说法："中文系不能培养作家"。这个曾经流行一时的观念是怎么来的？这源自20世纪20年代末30年代初清华、北大文学院的变革，当时一批参与"五四运动"的知识分子，推动"新文学"进入大学的文学教育体系，像清华的朱自清等人直接提出"中国文学系的目的，很简单的，就是要创造我们这个时代的新文学"。创造新文学固然没错，但是朱自清他们，同时批评了旧文学，一定程度上有些贬低"旧文学研究考证的工夫"。

新旧双方对于中文系的不同理解，埋下了冲突的隐患。只有理解这个潜在的背景，方能理解为什么 1939 年西南联大一次茶话会上的学生发言，惹起了两派教授的激烈辩论。当时西南联大的系主任罗常培有些激动地批评了一个发言的同学："有一个同学，学号是 1188。他填的表里，说他爱读新文学，讨厌旧文学、老古董。这思想要纠正。中国文学系，就是研究中国语言文字、中国古代文学的系。爱读新文学，就不该读中文系……"当时在西南联大就读的汪曾祺，后来有过回忆："很多人认为创作不能教。我们当时的系主任罗常培先生就说过'大学是不培养作家的，作家是社会培养的'。"

"中文系不能培养作家"这个说法就是这么来的。这一说法所指向的，并不是就事论事地讨论培养作家本身，而是新旧文学在大学中的冲突。由此形成了"学问"与"文学"之争的两派观点，也即中文系是以传承学术研究为目的，还是以介入文学创作为目的。西南联大和北大一脉相承，罗常培的看法，在后来的北大中文系很有影响。杨晦在 1950 年至 1966 年担任北京大学中文系主任，很多人都回忆过杨晦在 1955 年新生入学典礼上的看法，即北大中文系不培养作家，想当作家的不要到这里来，世界上还没有哪一所学校是专门培养作家的，因为作家要以深刻的生活体验作为创作源泉，古往今来大作家很少是大学培养的。而且不限于北大，朱东润等复旦中文系领导对于这一问题也有类似看法。"中文系不培养作家"一说由此滥觞开来，一直影响到今天。

我知道很多同学是带着"作家梦"选择中文系的，请爱好写作的同学们放心，比如就我所在的华东师大中文系来说，不存在"中文系不能培养作家"这种观念。这种观念固然有其一定的历史合理性，但是对于当下的文学教育而言，早已不合时宜。正像罗伯特·麦基在著名的《故事》一书中以美术学院、音乐学院为例，质疑为什么人们认为有的艺术可教而有的艺术不可教。如果电影学院能培养电影艺术家，音乐学院能培养音乐家，舞蹈学院能培养舞蹈家，那么文学院当然也可以培养作家。"中文系能否培养作家"的争议，在当下可以休矣。

近年来"创意写作"在国内高校兴起，各大院校纷纷成立相关机构，比如北京大学有文学讲习所，华东师大有中国创意写作研究院。今年春天，北大、北师大、复旦、华东师大、南大、清华、上海交大、同济、人大九校联合发起成立"中国大学创意写作联盟"，我个人也承担联盟秘书长的工作。在如今的大学校园里，见到著名作家已经不是新鲜事，前一段时间王安忆、余华两位作家来到华东师大的丽娃河畔对谈，同学们凌晨排队领票的现象，据说上了热搜。可以说，中文系的文学教育，目前既包含文学研究，也包含文学创作。而且和文学研究一样，你也可以报考文学创作方向的研究生，以优秀的作文成绩入学，以出色的文学创作毕业。随着专业硕士教育的兴起，目前创意写作方向的研究生正在成为中文系研究生的主流，像华东师大的创意写作研究生，每年招生名额三十五人，已经接近中国古代文学、中国现当代文学的总和。从入学到毕业，创意写作这个专业都没有那么卷，只要你写出精彩的故事，总会有人倾听，数不尽的文学期刊、出版社、新媒体都是我们的合作伙伴。热爱文学创作的同学在今天选择中文系，正逢其时。

这部分的最后，我再介绍一下授课形式。就我们系来说，常见的授课形式之外，还有两种大家可能接触不多的授课方式。其一是工作坊课程，就是围绕具体作品的讨论式课程，多见于写作类的教学。这个作品，有时是比较知名的作品，有时就是同学们的习作。其二是本科生导师制。本科生也像硕士生、博士生一样配有导师，而且大一大二是一位导师，大三大四换一位导师，先后经历两位不同导师的指导，在课程学习、学年论文、人生规划等方面答疑解惑。总之，中文系的授课，尽可能结合同学们实际情况量身定制，鼓励创造性的思考和表达。

举个例子，我几年前教《中国当代文学史》这门课的时候，曾经有一位同学不喜欢我的文学观，上了几次课之后就经常缺课，但是期末考试，依然获得了最高分。该同学试卷上的观点，我也不认同，我们俩的文学观是比较冲突的。但是他能够自圆其说，而且有比较深入的分析，在我看来这就是第一流的学生。教学从来不是把学生变成老师自己的样子，而是帮助学生变成他心中理想的样子。那位同学看到成绩后很吃惊，在社交媒体上给我写了一封很长的感谢信。我的回信倒很简单，我告诉这位同学这就是大学课堂，大学课堂不提供标准答案，而是鼓励同学们自由地探索。所以我很反对一些学校将大学高中化，将考研高考化，课堂上讲的，都是押题式的针对名校的考研秘诀。我个人的经验是，越早摆脱中学的应试教学，越早适应大学的开放教学，大学生活会越发顺利。大学教育的关键，尤其对于文学教育而言，不是在课堂，而是在图书馆。我们华东师大的图书馆，不会像我家乡的图书馆一样化为瓦砾，我很期待常常在图书馆中和同学们相遇。

中文系的核心竞争力

最后，尤其是家长比较关心的问题是：学了中文系将来做什么？大家可能听过形容中文系乃至于文科的一种说法：文学或文科是"无用之用"，"无用之用，方是大用"。这种说法的"用"，对应的是工科，比如计算机专业。坦率讲，我个人不认同这种说法，这种说法没有错，但很容易流于软弱的自我安慰。文学有其"大用"，这当然没错，但这不唯文科所独有。任何一个工科专业，在其显而易见的"有用"基础上，背后都有其"大用"，都离不开对于世界终极奥秘的探索。如果我们一味强调"无用之用"，其实大家记住的，往往是"无用"。

然而文学在"大用"之外，从来不是"无用"的，文学在我们的生活中无处不在。人类迄今为止，主要的交流方式，依然是语言文字。在微信时代，我们和文字打交道更多，而不是更少。哪怕发个短视频或者在朋友圈发组九宫格的图片，你总要写几句话。也许一句话不说，但我们对于视频或图片的理解，渗透着无形的文学思维。进一步说，人类迄今为止，主要的理解世界的方式，还是依靠叙事。没有汽车或手机，我们的生活质量会严重下降，但生活还可以继续；假设所有的故事都消失了，我们的文明将不复存在。这不仅仅是指小说、诗歌、戏剧、影视、游戏等从生活中消失了，从民族国家层面的宏大叙事，到家庭生活层面的日常叙事，我们都依赖文学的支撑。文学和数学，之所以是人类最传统的学科，在于这两个学科都提供了人类文明基础性的符号以及围绕这些符号的组织方式。

中文系学生的竞争力，核心就是"写作"，以及以写作为核心的一切能力，比如阅读视野或口语表达。写作是绵延千年的选拔人才的方式，最为体现一个人的素养与性情，是全方位能力的体现。故而中文系有时候给人"万金油"的观感，因为中文系提供的是基础性的支撑。具体到工作的出口，还是以我们系为例，不必说公务员、各大公司的相关岗位，从各地重点中学到文化出版单位，都有我们的学生。包括大家经常提到的互联网大厂，像腾讯、网易的游戏部门，我们创意写作的学生这两年都有去的。一款成功游戏的基础，不仅有运转快捷的算法程序，还有洞悉人性的故事脚本。

华东师大中文系还是作家辈出的中文系，我们有"华师大作家群"的传统，最近两届的茅盾文学奖得主——格非和李洱，都是华东师大中文系的毕业生。对了，也像其他传统文科专业一样，很多同学是抱着从事学术研究的目的来读书，本硕博毕业后留在高校任教的知名学者和文学评论家也有很多。大学的待遇，下限一般，但上不封顶。知名学者的待遇，绝对不会低于知名的程序员。当然由于程序员高薪岗位的数量，是大学教师的百倍千倍以上，所以在日常的感知中，高薪程序员常见，但是高薪的大学教师罕见。毕竟，无论是文学创作，还是文学研究，都是高度精英化的，平庸的创作或研究并无价值，所以这条职业道路比较陡峭。

以上就是我所能和大家分享的就业经验。我并不是庸俗地以专业成功者的角色现身说法，文学专业比我出色的同仁不知凡几。我也从来不认为，职称、职务、项目、人才帽子就能够完全评价职业生涯。回顾我从家乡的图书馆到今天的文学道路，作为一名平凡的大学教师，这条路走得百转千回，但始终初心不怠。之所以喋喋不休地讲了这么多，就是因为文学的道路，是世间万千道路中，特别美好的一条路。王小波在《我的精神家园》中有一段话谈到人文事业，在此分享给大家："安徒生写过光荣的荆棘路，他说人文的事业就是一片着火的荆棘，智者仁人就在火里走着。当然，他是把尘世的喧嚣都考虑在内了，我觉得用不着想那么多。用宁静的童心来看，这条路是这样的：它在两条竹篱笆之中。篱笆上开满了紫色的牵牛花，在每个花蕊上，都落了一只蓝蜻蜓。"

在此邀请有志于文学的青年，我们共同走上这条宁静的小路，感受沿途的牵牛花与蓝蜻蜓。我在博士论文后记里，曾经转引过歌德的一句名言："什么是美好的人生，那就是在成年实现年少的梦想。"与阅读本文的青年诸君共勉。

人与人的连接如何可能

董晨宇（中国人民大学新闻学院讲师）

何为传播学？这是个问题

从本科到现在，我学习和研究传播学的时间已经有将近二十年。即便如此，倘若让我为"传播学"做个定义，仍旧会是一件颇为头疼的事情。在公共讨论中，传播学经常被视为一个充满应用性的领域，仿佛其中的研究者个个都是伶牙俐齿的角色，尤其擅长在大礼堂中同时向几百位观众推荐一款可以治疗糖尿病的保健枕——他们可以把黑说成白，然后肆意控制人们的头脑和行为。

当然，必须承认，这种偏见并不是传播学者独自面对的困境。我犹记得，本科时我就读北京外国语大学英语学院。每逢节假日，亲戚们围坐在电视机旁欢声笑语，此时，一定会有一位长辈将电视故意播到 CCTV 的英语频道，然后问我："你听得懂吗？给我们翻译翻译。"倘若是春节家庭聚会，找个餐馆吃吃喝喝，我一定最害怕旁边坐着一堆外国夫妇。坐在我旁边的亲戚一定会悄悄捅我一下："你能和他们对话吗？"

即便困难，我还是希望针对"何为传播学"，为你做一些尽心的科普。如果你愿意打开一本传播学的教材，翻出前几页的定义，那么大概会收获这样的解读：传播学研究的对象，就是人类的传播行为。这个定义几乎在解决一个问题的同时，又带给我们一个新的问题：那么，何为传播呢？

这就要谈到人类的传播天性。让我们来设想一个极端的场景：你是一个内向的人，不喜与人社交，平时的爱好就是自己躺在床上刷剧。你可能会想，我不需要传播。不过，这个场景中，"刷剧"本身就是一种传播。你在通过"刷"的行为，与他人产生连接，虽然这种连接并不一定是双向的。毕竟，一位粉丝对偶像的行踪如数家珍，但偶像却不知道这位粉丝的存在。如果你没有购买视频网站的 VIP 会员，你可能还要承受广告的"折磨"。此时，各种产品的厂商都在争夺你的注意力，竞相与你"交谈"。

当然，退一步讲，即便是一个内向的人，也不可能在日常生活中断绝与他人的交谈，在绝对意义上活在自己的世界里。一方面，这与人的天性有关。脑科学的研究者很早就发现，在进化过程中，人类的新大脑皮层占据了脑容量的80%，比其他哺乳动物要高出很多，而一种动物的新大脑皮层大小和它的群体规模存在惊人的联系。这个发现指向了一个结论：人类群体的平均规模因此达到了一百四十八人，这让群体协作和交往的复杂性提高。另一方面，传播又与人们的社会化进程相关。这句话的意思是，我们对这个世界的大部分知识，都是通过交往习得的，不管是上课，还是休闲时间的观察与互动。

总而言之，当我们理解了传播如何成为生活中必不可少的重要元素，也就可以更清楚地明白，传播学所着力研究的就是人与人的连接如何在各种各样的场合中发生，又产生怎样的后果。

当然，人类本身的复杂性，也决定了这种后果的复杂性。它有善的一面，也有恶的一面。我们既可能在互联网中获得人与人之间的支持：例如获得需要的信息，或者得到情感生活的建议；我们也可能在互联网中见证甚至遭受到言语的暴力。同样，通过传播，社会既可能实现更为良性的运行，也可能遭受意外的损失。例如 20 世纪 30 年代，当美国遭受经济大萧条的时候，总统富兰克林·罗斯福通过收音机向美国人开展了一系列的"炉边谈话"，坚定了人民的信心；而在公共健康危机中，漫天飞舞的谣言又让社会抗击疫情的成本变得更高，甚至要付出本没有必要的代价。

当我们把传播学定义为"人与人的连接如何可能"，这几乎注定了，它是一个边界模糊、四处蔓延的研究领域，因为一个简单的事实是：当人与人的连接发生在生活的各个角落，那么，传播学研究者的关注点，也会呈现出四处散射的状态。从历史上讲，传播学便诞生于这样一个"四面包围"的状态之下，汲取了来自政治学、社会学、心理学等"前辈"学科的智识营养，又向不同的学术脉络中输送了来自传播学的智识。在这样一个充满了张力的研究领域中，你尽可以对各种社会现象做出传播学式的回应。

如果你对饭圈"做数据"感兴趣，那么，传播学学者可以带你理解粉丝与平台算法如何"斗智斗勇"，在拉扯中完成自己的身份建构；如果你对朋友圈感兴趣，那么，传播学学者可以带你理解人们为何在微信中表现出与在微博中完全不同的样貌，这又出于怎样的社会交往需要；如果你对社会中的对立情绪感兴趣，那么，传播学学者可以带你走入复杂的因果迷宫：到底是社交媒体让人变得更加极端，还是人让社交媒体变得更加极端；如果你对社会中的平等问题颇为着迷，那么，传播学者会带你理解从互联网到算法，一系列新技术如何加剧了社会分化，我们又可以对此做些什么。

当然，近年来，传播学研究已经突破了"人与人"的连接，关注到一系列人工智能问题，这也被一些学者称为人机传播。试想一下，聊天机器人是否可能像你的朋友那样，在你失落时带给你慰藉？聊天机器人在交往中出现的道德瑕疵，又该由谁去负责呢？这些都是近年来传播学者致力于突破的热门话题。

我的求学之路

我本科在北外英语学院读的国际新闻专业，虽然与传播学大致能扯上一点关系，不过当时大多数课程还是和英语有关，只有一些新闻传播学的基础课程。我很感谢那段经历，虽然我对于语言并没有什么天赋，也从没想过从事语言学的相关研究，但那段时光让我掌握了一项语言技能，这对我未来从事社会科学研究的帮助很大。大三的时候，我来人大新闻学院旁听了很多课程，这些课程改变了我的人生方向。其中对我影响最大的是陈力丹老师，后来很幸运，他也成了我的博士生导师。无论是治学还是人品，他都是对我影响最大的一位学者。

传播学对我的吸引力很多时候来自它的"亲近感"。我曾和朋友做过这样一个比较，如果我研究的是天体物理，那么很可能并没有多少人可以围绕我的研究成果与我展开对话。但如果我研究的是日常生活中的人与人的连接，几乎所有人都可以对此发表自己的观点。这时候，研究的愉悦便体现在"让熟悉的事情变得陌生"。或者按照克里斯丁·海恩（Christine Hine）的话来讲，社会科学研究者的重要职责，是"重新前置平庸的事物"。这是一件让我觉得充满挑战的事情。

我一直认为，对于学术知识的探索，最为直接的动机应该是自我解惑。学术界对于上网人群曾经做过一个划分：那些出生就抱着 iPad 的孩子们，被称为互联网原住民；我这种到了高中才学习上网的人，则只能算是互联网移民。相比之下，能享受更多互联网福祉的，恐怕是原住民；不过，能感受到更多新技术冲击的，反而是我这样的移民。

互联网对我的冲击，最早来自惊人的连接能力。你们或许并不熟悉，甚至从未听说过 MSN Space、西祠胡同、天涯 BBS、校内网。但这些名字的空间隐喻已经足以让当时的人们充满期望。我们可以有机会逃离地理界限的束缚，在另一个赛博空间内完成奇妙的相遇。虽然这种相遇在如今已经习以为常，并且相遇的方式也更加立体多元（想想元宇宙所做出的种种承诺），但对于当时的我来讲，这一切就像是梦幻一般。我拥有了网友，在论坛上和陌生人一起谈论音乐和诗歌。那时我还没有电脑，只能在学校的机房，面对体积硕大的显示器，花费一小时三元的价格在网络中畅游。当然，这台显示器也会提醒我"还有十分钟下机"，这意味着，十分钟之后我不得不回到现实世界中。

早期传播学者对于互联网的思考，也充满了这种线上与线下的二元对立。不过，随着移动互联网技术的普及，互联网本身的地理局限也被打破。我不再需要正襟危坐在机房，仿佛空间穿越一般走入互联网。随时随地的互联网接入让一切变得更加自然而然。直到有一天，我突然意识到：我们并非在使用互联网连接彼此，因为我们就活在互联网之中。

当然，如果我声称这就是自己学术研究之路的唯一动机，恐怕是将问题简单化和浪漫化了。和几乎所有人一样，我在很早就开始思考自己未来究竟想要做什么，我的答案也随着年龄的增加在不断摇摆，对于专业知识的聚焦也在不断变化。我本科论文关注的议题是网络暴力，硕士论文关注的议题是网络新闻叙事，博士期间和我的导师一起写了我自己人生中的第一本学术专著，聚焦英国媒体的发展历史，那时我27岁。博士期间还在美国访问，希望可以更加有效地传播健康信息（例如如何劝说四十岁以上的女性每年接受乳腺癌筛查）。有趣的是，我的博士论文最后落脚到20世纪70年代美国传播学界对于社会平等问题的讨论之中。这一系列的摇摆当然不是学习的理想状态，但对于一个摸索前路的年轻人来讲，尤其是在那样一个时代，或许也不算是什么意外。

必须承认，摸索的结果没有让我感觉到多么欣喜。最终回到我目前的研究领域深耕，也不是出于理性的深思，而是一个再普通不过的原因：我想把传播学的研究工作，当成是对自己人生的解惑。这既是我理想的生活状态，也是我理想的工作状态。兜兜转转，我最终还是回到了社交媒体中的人际关系这一主题，冥冥中似乎回应着我中学时上网的点滴情感。虽然当时交过的网友早已不知去向，当时使用的交友软件，绝大多数也已被写进历史。不过，只要人类的交往需求仍旧是本能的一部分，那么新技术照样会托起同样的需求，推动人类继续抱团前行。我曾和学生合作翻译过一本书，名字叫《交往在云端》。这本书的原名其实略显枯燥，中文版的书名是我起的，多多少少也夹藏着"私货"。云端中的种种相遇，既是我如今的好奇，也是我过往的经历。

不过，相比于人类天性的稳定，云端中的交往早已变换了无数种形态。我写过一篇论文，关注分手者如何删除他们曾留在微信上的"恩爱痕迹"，为的是理解自我消除这样一种在互联网时代中普遍却特殊的形象管理策略。我的另一篇论文，关注在海外留学的中国学生如何对比性地使用微信和 Facebook，他们如何把微信当成是自己作为中国人的"证据"，在异国他乡小心呵护自己的文化身份。我还写过一篇论文，关注网络娱乐主播的生活境遇，她们如何通过维系与观众的情感纽带来谋取利益，而这一工作又为何时常让她们陷入绝望。种种看似各不相关的议题，却都集中于社交媒体中的亲密关系——无论你是否见证、经历或认同这些人际交往。如今，我和我的团队在试图去理解"网红"这种充满争议的新工作，以及他们面对粉丝的日常表演。

与大众脑海中想象的科学研究不同，作为一名社会科学研究者，我并不会穿上白大褂，手里摇着试管，企图发现一些神奇的变化。我的实验室是生活本身，我会与各行各业的人交流，或许在咖啡馆里进行貌似闲聊一般的访谈，或许深入到某个社会群体之中，成为他们日常交往的一分子。传播学研究让我去关心具体的人、关注他们的生命叙事，更关注在传媒技术日新月异的今天，他们的生命变迁。我一直告诫自己，作为传播学研究者，需要首先做到的三件事情是：倾听先于表达、理解先于断定、关怀先于发表。

来自传播学的邀请

对于对传播学所知甚少的人而言，选择的困惑或许来自"传播学需要怎样的你"。我无法为传播学的学生画一个肖像，因为他们来自五湖四海，有着完全不同的背景、文化和性格。我倒是觉得，这其实正说明了传播学问题的普遍价值，在如今的媒介化时代中，即便是作为其他专业的"局外人"，传播学以及随之而来的媒介素养问题，也已经成了我们的生存之道。当然，如果你对传播学感兴趣，询问自己是否适合这样一个专业，我也有三个供你求证的问题，或许可以成为一种参考。

首先，传播学需要你对新兴媒介技术的发展保持足够的敏锐。你是否愿意接受这样的挑战呢？美国传播学者杰夫·普利（Jeff Pooley）有一个很有趣的比喻：传播学学者就是推着石头上山的西西弗斯。传播技术的不断迭代，总迫使我们不断回到原点重新解释新的问题。传播学学者刚刚形成对电视和广播较为系统的理解，互联网的到来让他们不得不从山脚下重新开始攀登。当然，技术的变迁速度并不是均匀的。这一次，传播学学者刚刚爬到半山腰，人工智能技术就让这块石头重新落地，甚至做一个更夸张的比喻，它几乎重新塑造了山的模样。传播学专业的学生需要对新技术抱有敏锐的洞察，当然，反过来讲，这也是讲授传播学的教师所面临的挑战：我们必须和学生一起上路。

其次，传播学需要你广泛吸取人文社会科学的知识。作为一个跨学科的"交叉地带"，学习传播学几乎等同于涉猎所有人文社会科学。即便绝大部分人不会成为十八般武艺样样精通的通才，但就业市场的现实不断给我们的反馈，却是新闻传播学作为一项连接人与人的技术或艺术，往往需要其他学科知识的加成。当然，这几乎是人文社会科学的普遍趋势。近年来诸多高校都在推行 1+1 的专业模式或者通识课程实验，便是例证之一。除此之外，传播学教育中一定会包含对于新媒介技术的应用，你需要明白，技术一定是应用的"底座"，需要学会如何传播，同时你也要在大学的学习中明白自己究竟想要传播什么，这也同你拓展性的知识方向息息相关。

第三，传播学需要你怀有对于人的好奇与热爱。说到底，传播学最为关注的，仍然是人的幸福与自由，即便这样抽象的形容终究会在一个个具体的情境下变化成不同的问题。我一直坚信，大学这一场所应该进行的首先是"教育"（education）而非"培训"（training）。也就是说，它并不排斥职业教育，但一定不同于职业教育。教育的目的是让人成为人，这也就意味着，对人的关怀永远是我们的出发点。这并非一种仅仅出于道德层面的呼吁。举个例子来讲，当 ChatGPT 等新兴技术可以帮助我们完成资料的收集和整理，甚至帮我们进行写作和传播，人的意义又在哪里呢？人与机器的最根本区别，或者说，人永远不会被机器取代之处，便在于这样一种关怀。当然，需要特别说明，这种关怀也不仅仅是道德上的自洽，它是一种思考的艺术，这种艺术的敏感是人类所独享的。至少在未来可见的世界中，这一点并不会发生根本的改变。

最后。相比"传播学需要怎样的你"，我倒是更想问另一个问题：你需要怎样的传播学？传播学自诞生以来，便身处一种"交叉地带"的境地之中。传播学作为一个钉子，被"敲"进了各种各样的社会议题之中。你是否愿意以这样一个包容的视角，去观看世界、对话他人、理解自己，并以此为业，恐怕才是你在做出选择时更重要的考量。无论是怎样一种进入方式，都欢迎你来到传播学的世界。

文学

文学专业学生访谈

取景框看世界

小蝶今天吃饱了｜汉语言文学

我本科毕业于北京大学中文系，目前在上海交通大学媒体与传播学院读研，专业是传播学。

汉语言文学专业会学习哪些内容？

各大高校中文系，学习内容有同有异，可以先看看心仪学校中文系有哪些教研室，比如说北京大学中文系就有这些教研室：古代文学、现代文学、当代文学、民间文学、文艺理论、古典文献、古代汉语、现代汉语、语言学、比较文学、语言学实验室等。

如果想了解中文系的生活，可以关注各大院校中文系的公众号，比如说"北大中文人"。选专业不只是选专业，还是选生活。

中文系学生，肯定要多读文学作品，学会作品分析和中文工具书的使用。如果你的阅读量很大，对文字比较敏感，有很强的信息查找能力、批判思维能力，爱学习、爱思考，这样会比较好上手。

魏春露 | 汉语言文学

我的本硕博都就读于复旦大学中文系，目前是复旦大学附属中学高中部的语文老师。

汉语言文学专业的就业方向是什么？

据我了解，本科或者研究生毕业之后的中文系的同学，就业去向还是比较对口的。比如从事教师相关工作，或者是出版行业、媒体行业，当然还有考公务员、选调生等。总体来说，中文系同学的就业情况其实是比较乐观的，但是薪资水平比理科、工科肯定要稍低一些。但是我觉得在上海这样的大城市生存，肯定是没有问题的。

在文史哲这些文科基础专业中，中文系的就业优势比较明显。如果你在中文系的专业学习当中，练就了你的文字功底以及语言表达能力，这种能力可以运用到很多行业领域当中。

文学

是毛布斯呀 | 英语

我就读于南京大学英语系。

英语专业会学习哪些内容？

英语专业课程首先会涉及基础的听（听力）说（口语交际）读（散文精读）写（写作）。然后以南京大学英语系为例，我们的专业核心课还有英美社会与文化、语言学、英语学术写作、中西方思想经典、英美文学、翻译、口译等。

专业选修课包括英美戏剧、演讲与辩论、文学批评、古英语语言文学和英美文学各种流派研究等。除此之外，英语系学生还必须修读一门第二外语，例如日语、法语、德语、西语等。以上这些是本科课程，到了研究生就会分出文学、语言学和翻译三个方向。当然每所院校都会有所不同。

James ｜英语

我本科毕业于复旦大学英语专业，硕士毕业于纽约大学英语教育系。目前自己创业，从事国际教育行业。

英语专业的就业方向是什么？

就我的经验而言，第一类就是教育类的。毕业生可以去学校做老师，去教育机构做老师，也可以去互联网教育机构教学，现在也有很多网红英语老师。

第二类，原来比较热门的可能是翻译类。口译专业性更强，对技能要求更高，薪资通常一开始是非常高的，但后期发展可能会有瓶颈。

第三类，是一些专业的服务，比如说金融行业、法律行业、咨询行业。这要求你要学很多复合型的技能，比如说你必须得读法律相关的专业，才能进入相关的行业。

第四类，你也可以负责互联网公司的出海业务，但是你语言功底得好，对商业模式也得有很深刻的理解。

总体来说，英语专业就业前景其实非常广阔，但是很多行业都要求复合技能。我觉得对于大一新生，如果你看好一个行业，那么在你英语本身专精的前提下，可以再学一个专业的技能。

二锐｜小语种

我本科和硕士都就读于复旦大学俄文系，现在是一名本科生辅导员。

小语种专业的就业方向是什么？

小语种专业的同学就业去向都会跟本专业有些许的联系，或者说大家都会凭借专业背景，去求职或者申请国外的研究生。我有很多本科的同学，跨专业申请其他专业的研究生，比如区域与国别研究、国际新闻、国际传媒等，但是他们申请学校的时候，都是靠着小语种的专业背景去申请的。

我感觉学外语的同学，都会把自己作为一个泛文科或者泛社科，甚至是泛经管学科的学生，去投入就业市场中，快消行业、咨询行业、互联网，或者科技公司的海外市场等，都有招收小语种专业的毕业生。

对于超小语种，比如柬埔寨语、匈牙利语，我个人觉得有两条路可以走，一条路就是你把专业学得特别精，成为行业的翘楚，因为本来同级毕业的人也没有很多，你就是最优秀的，机会都会找上你。另一条路就是你把自己的面向变得特别大，适应性特别强，用超小语种的专业背景，去寻求更广阔的职业发展空间。

我觉得大家在众多高校的众多专业中选择了自己的专业，其实是一个坚定而又偶然的选择，是一种缘分。大学除了是一个学习的地方，更是一个平台，可以让你交到更多的朋友，接触到更多的资源。我希望外语专业的同学们，除了学好自己的专业以外，也可以把自己的思路拓宽。语言哲学里有一个观点：语言的边界就是一个个个体世界的边缘。我更想把语言作为一座桥梁或者是一扇窗户，去促进个体与个体世界的交流与交融。所以我希望外语专业的同学，能够把握自己的外语优势去拓宽思路，收获更好的未来。

在下小苏 ｜ 新闻学

我就读于清华大学新闻与传播学院。

新闻学专业会学习哪些内容？

新闻与传播专业包括新闻和传播两个方向。新闻学方向更侧重于新闻实践，面向记者、编辑等新闻岗位，适用于采编岗、政宣岗等。传播学方向更侧重于传播学原理和效果等，也包括全媒体传播、多媒体视觉呈现、广告等。此外，新闻伦理、传播法务等内容也是该专业的重要内容。

新传专业还会针对理论和实践有不同的课程。理论性课程比如新闻学原理、传播学原理更侧重于理论知识的学习，需要学生读书和检索信息。实践性课程包含采写编评、多媒体制作等，更注重培养学生的实践能力，以采访拍摄提交作品等活动为主。

采写编评是最基础的新闻素质和技能要求，就像相声讲究"说、学、逗、唱"一样是四门基本功。拆开来说就是采访、撰写、编辑和评论，主要考察学生的文字能力和观察力。此外，新闻摄影、影视制作等视觉新闻的呈现形式也会要求学生有一定的审美能力。

随着全媒体时代不同的传播方式出现，新传专业也会加入一些与互联网相结合的专业技能，比如修图、剪辑、摄影以及数据新闻等。一些工作需要学生能够分析数据，掌握简单的 Python（计算机语言）技能。

总体来说，新闻专业讲求对事实的把控能力，需要强大的分析和洞察能力辅以一定的专业技能来呈现。它是一门沟通对话的艺术，需要把掌握的信息以大众都能理解的语言呈现出来。因此，它是一个编码和解码的过程。

据说新传专业是万金油，学不深？

任何事物都有两面性。在攻读研究生时，我发现与本科在同一学院学习的课程似乎没有什么区别，没有学到很多特别有用的新知识。因此，很多时候我们需要依靠自己的主观能动性，在某个特长领域取得进步。

万金油也不意味着是坏事。首先，做新闻等相关行业需要具备万金油的特质，需要耳听六路眼观八方，需要全面而独特的视角，以及计算机、摄像机等相关的专业技能。这并不是纯科研的领域，因此需要了解各个方面。其次，万金油专业意味着包容度比较高，如果你懂得很多方面，你的职业选择会更丰富，可就业的行业也会更多。身边的师兄师姐有在官媒做记者的，也有开传媒影视公司自己创业的，还有在各种国企私企做宣传工作的，甚至有考银行考公务员的。职业选择方向有很多可能性，这也是万金油专业的好处。

总的来说，学习这个专业让我感到非常幸福。这个专业重视实践的特点和我非常契合，给了我这个不喜欢写论文的人一条出路。我有很多的实践机会，例如采访同学或行业大咖，自己策划视频选题并制作成品，经营自媒体账号。实践出真知，有一种身体力行的感觉。我认为兴趣永远是学习的原动力。虽然有时候我也会遇到选题和拍摄瓶颈，但是随着时间的推移，这些问题也会逐渐减少。回顾这七八年的学习历程，我庆幸自己在 18 岁那年做出了最适合自己的选择。希望每个人都能找到自己热爱的专业，享受学习的过程。

曹柠｜传播学

我本科就读于复旦大学新闻学院的新闻系，毕业之后从事媒体行业。

传播学专业的就业方向是什么？

新闻传播专业及其相关专业有一句话："万物皆可传播。"因为只要有人的行业或工作，就一定与传播有关。因此，这个专业非常广泛、博杂，是一个万金油专业。就业方向也非常广泛，基本上任何方向都可以，以下是以复旦大学为例介绍一些通行的专业：新闻学、广告学、广播电视学和传播学。

新闻学更关注媒体和媒介生产方面。广告和广电不必多说，是传媒重要的代表行业。传播学可能对许多人来说比较陌生，但它是社会科学的一个子学科，会以一种研究的视角关注社会的传播，更加偏向学术。但是，学习传播学的学生因为受过基本的思维训练，也完全可以胜任任何与创意设计和传播有关的工作。除了可以从事媒体、广告、营销等方面的工作，公关行业也是一个需要大量传播人才的行业。如果要从事记者或编辑工作，不要抱太高的期望，因为在这个时代，媒体的工作机会显得不那么抢手。但是，这个行业依然值得从事，因为我们热爱这个行业。

⑥

历史学

历史学类

这是一门关乎"天意"的学问

武黎嵩（南京大学历史学院副教授）

1927 年王国维先生自沉颐和园昆明湖，同为清华学校国学研究院教授的陈寅恪写下了"吾侪所学关天意，并世相知妒道真"的挽诗句。为什么说历史学是一门关乎"天意"的学问？因为历史学既创造知识也创造价值，既要提供真实，也要提供崇高。

当然历史学也和古典的学问一样，是一个可以制造"孔乙己"的学科。在一个可以快速积累财富，用物质满足人的一切嗜欲的时代，"人文"存在的必要性本身也必须接受时代的质疑。

一个不能创造物质财富的学科，它为什么要存在？这是一个必须回答的问题。

历史学的历史

中国的历史学始于孔子修《春秋》，成于司马迁编纂《太史公书》(即《史记》)，一经一史，形成了后世中国历史学的基本观念和基本框架，尤其是以《春秋》学为特征的历史批判和以

《史记》为鼻祖的正史编纂，已经成为中国文化传统的核心内涵。司马迁说："究天人之际，通古今之变，成一家之言。"在无限的时空之中，如何安放有限的生命？这是司马迁用五十余万字记录三千年历史的一部大书来思考的问题。有时他甚至质问："倘所谓天道，是耶非耶。"天道是什么，天道将以何种形式来呈现，甚至天道会不会照应人间的是非善恶？这是一个看似简单，却又无法简单回答的问题。同样，这也是一个经久不衰的话题。因为，人的生命是有限的，面临死亡——生命的终了这件事，任你是谁，无法摆脱，也无法抗拒。即便人类试图用所谓的"数字生命"延续某种意义上的存在，可这毕竟不是生命体本身。"骊山顶上茂陵头，毕竟悲风吹蔓草。"曾经拥有无限权力的帝王，也难免有限生命被黄土掩埋，这本身不就是一件值得玩味与思考的事情吗？

历史学不能用简单的自然科学与人文学科来完全概括，一方面历史学要提供准确的知识，这就需要用自然科学的方法和手段。另一方面历史学又要提供正确的价值观念，如何评价历史就意味着人们以什么态度面对未来。樊树志教授有一篇文章《"九千九百岁"的遍地生祠》，这是一篇很有名，价值观也很正的文章，我们中学时认真学过《五人墓碑记》的，都能理解。可是近年来，"公众号写手"创造了一个观念，说"崇祯杀了魏忠贤，大明就垮了"，这就是一种知识理解上错误，价值观念上更为荒谬的论调。可见，历史学的科学普及与社会教育，任重而道远。

我与历史学

学习历史的人，需要特别敏感，而不是特别理性。我总以为，这种敏感是来自情感与体验，而非计算与思考。敏感的情感，是一种共情的能力，能体验到生活和生命中触动人情绪的东西。我们回视古代中国的历史学家，很多都有这种气质。司马迁、欧阳修、司马光，甚至不怎么正面的范晔，都有这种对于人性的洞察，对于历史情愫的敏感，这不是一种技术的经验和职业的素养，而是一种悲天悯人的情怀，是发自内心的共情感。

我喜欢历史的原因可以追溯到小学。1989 年，我上学的徐州市青年路小学的操场是泥土操场，正中间有一棵大树，树上挂了一口铜的钟，门口有一个看大门的苏师傅，每到上课下课的时候他就去打那口钟。20 世纪八九十年代之交的中国，既朴素又充满活力，旧的条条框框被打破，新的"陋规"还没有形成，人们对生活充满着希望与期待。我们学校有第二课堂——兴趣班，无非就是音乐、美术、体育这些内容，我选了一门书法，就是写字。后来我跟着这个兴趣班的老师学了好多年的书法，班上有二三十位同学，有的学了魏碑，有的学了颜体，有的学了隶书，有的学了柳体，我是被分配到学《张猛龙碑》这一组。就是照着字帖写字，其实直到高中甚至大学，我才逐渐读懂碑文上断断续续的文字到底表达了什么、意味着什么。我甚至想，有的人可能练了一辈子《张猛龙碑》，却不能读明白碑文，更不能理解这个碑刻背后的历史时代。小学快毕业的时候，我们兴趣班的老师已经调走了，但还经常教我写书字，我有时候也去他家里请教，请他指点习作。这位戚有信老师，是我人生中碰到的若干位十分优秀的老师之一，这是一种幸运。

有一次参观展览，戚老师就给我找了一首诗，这首诗我现在还能背下来："云龙山下试春衣，放鹤亭前送落晖。一色杏花三十里，新郎君去马如飞。"戚老师把这首诗写给我，让我用魏碑写作品，之后他对我说了一番很语重心长的话，他说："我们练字的人，不能只会写字，你一定要读一点古典的作品，哪怕是《古文观止》，哪怕是《唐诗三百首》，你要读一点，尤其是要背一点，不能一提笔不知道该写什么，不能一提笔想不起这个字的繁体字怎么写。书法往上发展，一定要有古典文学的涵养，否则你就是一个写字匠。"这些话直到今天我仍然铭记在心。可以说，这位老师是真的改变了我的人生轨迹。他说完这些话后不久，我就到书店买了一本《古文观止》，从小学翻到中学，翻破了三本：岳麓书社版是带白话翻译的，中华书局版是安平秋先生点校的，再往后中华书局出了老版竖排繁体版的。正是因为翻《古文观止》，培养了阅读古典文学的语感，所以我看古代的文献，几乎没有什么障碍。读了里面的文章，就会被其中的思想所影响。中学时代，对我影响还比较大的书有叶坦的《大变法：宋神宗与十一世纪的改革运动》，还有上大学前后读的《万历十五年》和《国史大纲》。

我对我的初中徐州四中的感情比较深。改建之前的四中，环境很优美，门口是青年路，高高的梧桐树，旁边还有一些民国时代的建筑。从四中的老校门出来就有一个小书店——百花书社，如果放学早了，我就会跑到百花书社去看看书，那时候最热门的畅销书，也是大家公认的比较好的书。

学好历史学

学历史没有什么好办法，最好的办法就是阅读，首先要读原典文献，就是第一手的、最重要的古典文献，而且要细读，要精读。中国的历史文献，它是沉淀下来的，有厚重感。读原典，就是要培养一种沉浸在彼时语境中的感受。

其次，学历史要有非常清晰的思维，我的导师颜世安老师，在我们读书时，教我们一个非常重要的方法，就是辨析。你不能看到一个现象或名词，就把它当成是一个完整的、一成不变的东西，这个词或者概念的背后，有着不同层次的内涵，你要能理解这个不同。柳诒徵先生曾用过一个特别好的词，叫"区分畛域"，他用这个词来形容清代学者的治学方法，这个观念我觉得值得牢记。

如何训练自己的思维？颜世安老师告诉我们，要读一点哲学书。因为研究历史文献和思想史，要有一个谱系观念去看待思想的演进。但读哲学书的目的，不是要应用这些纷繁复杂的哲学理论，而是要通过阅读哲学书，训练自己的思维，培养思辨能力。从唐宋以来，很多儒者并不信佛教，但是会阅读佛经。像唐宋时期的韩愈、苏东坡，明清之际的钱谦益等人物都会读佛经，甚至跟和尚来来往往，他们就是通过阅读佛经训练自己的思维，培养自己的思辨能力。

再次，想学好历史，要掌握好语言。古典文学的语感，是通过历史文献乃至诗文辞赋来理解古人的路径。同样，学习外语的目的，是帮助大家能够阅读第一手的最新研究成果，"他山之石可以攻玉"。有时候我们站在自己的文化圈内，看问题可能会不太清楚，别人看你反而会非常清楚。这是一种视角，但不能迷信"外来的和尚会念经"。有时候一些西方学者——主要是美国的学者（可能语言和文化环境的原因，对一些日本、韩国学者反而没有这个感触）写中国历史的文章，乍一看让人觉得他们眼光很毒辣，观点很新颖，会看到很多别人熟视无睹的东西。但时间一久，尤其是揣摩过之后，又会觉着好像不是那么回事。这就是王国维讲的"隔"，你会觉得西方学者写的东西似是而非，而且他们非常热衷于建构和输出"观点"。

我在近些年教书的过程中，发现现在的学生有个毛病，就是热衷于读论著，热衷于掌握一些"观点"，满脑子都是各种观点、各种看法，谁谁谁说过什么等等，一张嘴就热衷于下判断。但是他们不太愿意下功夫读基础文献，往往是"观点"有了，再去检索文献。最后，"观点"之上谈"观点"，而不是建立在扎实的文献基础之上。这可能和今天我们的研究体制重论文、重论著，轻常规基础知识的培养有关系。顾炎武讲"采铜于山"，就是说不能为了铸造一个新铜器，把旧的铜钱、旧的铜器熔化了，要采铜于山，到山里去挖矿，不能只在别人的旧说上翻来翻去。所以，我觉得"问题意识"远远重要于"观点"本身，一个人只有经历了基本典籍的训练和洗礼，才能有通透的眼光，而不会充斥各种偏见和武断——虽然有时候偏见和武断看起来更加尖刻与鲜明。

历史学在于"发明"

历史学是一门很古老的学科。人类甚至可能在创造文字之前，就已经有了历史意识。什么是历史意识？对历史真相的执着探索，对历史演变轨迹的再现重构，对历史现象的综合解释，都可以被认为是历史意识。思想是历史的灵魂，也是人类的灵魂。

整个 20 世纪，历史学中的诗性在退缩，理性在扩张。这不是说古代的历史学没有理性，而是除了理性之外，历史学还承载了很多更为重要的东西。孟子对于孔子作《春秋》经的论述就评价道："其事则齐桓晋文，其文则史，其义则丘窃取之。"也就是说，历史至少包含了事实、文辞（记录）和义理三个面向。可见，除了事实之外，历史学还有文辞和义理两个面向。而这在今天，是不被重视的。

20 世纪是人类理性张扬的时代，也是科学技术突飞猛进地发展而改变人类社会的时代。另一方面，我们也看到了科学主义的傲慢，科学技术的结晶不仅给人类带来福祉，同样也给人类带来灾难；科学技术的手段既解放人，同样也给人戴上无处不在的枷锁。历史学在科学主义的影响下，被不遗余力地"科学"化。历史研究时常被简单理解为"考据""事实"，似乎历史学的目的只为了找到一个虚无缥缈的若隐若现的真相就够了。有学者甚至喊出"史学就是史料学"的口号，史料如建材，事实如建筑，拿建材把房子建好，便是史学家的职业。但 20 世纪还有另外的声音，历史学家柳诒徵《国史要义》写道："史学所重者在义也。徒骛事迹，或精究文辞，皆未得治史之究竟。"义理，才是历史学的灵魂。否则，史料日丰，史义日晦，在浩如烟海的人类轨迹之中，我们掌握了无限多的过往史实，又如何与我们的人生发生关系？

所以，我的理解中，历史学不在于"发现"，不是科学的，而在于"发明"，它是人文的。人不能转史，史足以化人。即便我们掌握了剧本的每一个细节，也改变不了已经上演的历史。但是，读懂了这些历史剧本，却可以改变我们的选择，改变我们的判断。

历史学的意义就在于，当下是由过去决定的。我们无法摆脱，也不能撕裂古今之维。历史学的义理，既包含道德上的价值判断，也包含知识上的事实判断，前者甚至要重要于后者。学习历史，研究历史，需要有历史的共感，能够理解他人的情感与立场。共感是积极而主动的意愿，并非被动的同情，是力求理解隐藏在历史人物行为背后情感和动机的冲动，假如没有这样的激情与责任感，是学不好历史学的。假如你不能理解这其中的曲折奥妙，就很难从历史学体验到乐趣与意义。

以上这一段很复杂的理解，其实还暗含了我的一种"劝退"努力。很多学生如果只是出于兴趣和对于故事的偏好就选择历史学，可能是不明智的。何况，作为一门学科而言，历史学是很难变现的，也很难给予一个有着深切"翻身"与"改变"的愿望的人以良好的职业体验。换句话说，历史学对于从业人员本身的要求很高，但它给予从业人员的回报却微乎其微，从"理性"角度来讲，它的性价比很低。想把历史学作为人生理想的人，一定要有一点精神贵族的气质，这对大多数人来说，可能是十分高的要求，尤其是在一个"物欲"已经不可逆转地成为大众追求的环境里。

这是我真实的想法，也是真切的体验。

学习历史是值得的

最后，和大家聊聊，我是怎么选择历史学的吧。

回想高考前后的这段经历，我感慨万千。2018 年，我专门编辑出版过一本口述历史著作《我的高考——南京大学1977、1978级考生口述实录》，比起那一代人，我们的经历显得平淡无奇。可即便平淡，我也想聊一聊。我的高三生活，是在徐州一中当时的九里新校区度过的，现在这个校区已经不在了。

2001年的1月9号是我18岁的生日。那天是高三的第一次模拟考试，上午是考语文。我们住的宿舍区距离教学楼几百米，夜里刚下完大雪，又是生日又是要考试，我心情不是很好，6点多天还没有亮，就走出了宿舍。大雪积了到小腿那么深，一路走到途中的一座桥，我站在桥上回头看，路上很清楚地印下了我的那一串脚印。那一刻，我想起韩愈的诗："云横秦岭家何在，雪拥蓝关马不前。"所以，那次模拟考试的作文我就写了《蓝关雪》。回过头来想想，其实高考是十分残忍的。过去科举时代，不是一考定终身，而是多轮考试，可以持续参加。而高考制度下，大家要在基本相同的年龄，为自己负责，去迎战一次几乎带有唯一性的考试。本来不该写下这么私人的回忆，但可能这就是一种习惯和气质，我常认为这也是一种历史，一种个人的历史体验。

选择历史作为专业，对我来说完全出于兴趣。而选择历史作为职业，是和老师的引导有关系。二十年前的南京大学历史系、中文系有一批十分优秀的"人师"，有着非常高的课堂质量。这些年我有一个感触，就是教学上各种管理规范化、程式化了，可是教师的激情似乎没了。在没有智能手机的时代，安心坐在课堂里听不同学科的老师们娓娓道来，真是一种乐趣。我们当时有一门思政课马列史学名著导读，授课的是历史系的沈汉教授，研究英国史的。像恩格斯的《起源》，就是沈教授指导我们读的，直到现在还觉得受益良多，成为我们研究中国上古史的一个重要基础。再比如，颜世安老师讲《离骚》十分投入，我那个时候就觉得，颜老师身上内化有庄周、屈原的那种人格。此外，我还常去文学院听课，徐兴无教授的经学研究、许结教授的楚辞研究、苗怀明教授的红楼梦研究等。一个好的大学，不在于那张学历文凭的稀缺性，而在于你在其中可以收获什么。当时，我甚至很羡慕这些教授的生活状态，可以不停地读自己想读的书，这样的人生，将多有滋味啊。其实在读硕士的时候，我都还没有下定决心一定要从事学术研究，但是这种一直可以阅读，可以和古人对话的精神生活，实在太令人着迷了。

世运如潮，20世纪90年代以及21世纪初的大学氛围和今天很不同。当时的硬件条件十分简陋，南京大学为了照顾老先生们，会在夏天最炎热的时候，安排老先生们住进学校的宾馆招待所。一直到我博士毕业的2011年，我们的宿舍还是没有空调。那个时代，学者的收入也很微薄，生活甚至可以说很清贫。但我可以从我的老师辈身上，看到那种理想主义的高贵灵魂。他们讨论的话题和今天许多学者聚在一起讨论的话题不太一样，"大项目""一流期刊""评奖"这样的问题，我在读书的时候几乎从来没有听老师们谈及过。这些都是近年来开始被学者们关注的话题。

我在南京大学学习十年、工作十年，在鼓楼校区、浦口校区、仙林校区都学习或生活过。户籍也从徐州变成了南京。直到今天也很难说清楚这其中的因缘。拉拉杂杂写这么多，虎头蛇尾，供同学们参考吧。如果用一句话总结就是："学习历史是值得的，但是以历史为志业要有勇气和毅力。"

历史学专业学生访谈

取景框看世界

王骁 Albert ｜历史学

我毕业于美国爱荷华大学，是历史和国际关系双学位。
毕业以后曾经在新闻媒体工作过将近五年的时间。

历史学专业会学习哪些内容？

在我们学校，历史学专业分为三个部分，分别是美国历史、
西方历史还有世界历史。修满一定的学分就可以了，本科时期没
有具体的方向。

学习历史，第一要分清什么是正经的史料，什么是根据史料
和科学方法生产出来的学术成果，什么是地摊文学。第二要知道
有关联（correlation）不等于是因果关系（causation），分清楚
什么是事实，什么是观点。

学历史，兴趣是一定要的，因为你要面对大量的阅读，一手
史料和二手史料，还有大量的写作。文科类专业就是要读、要交流、
要创作，要把你读的、想的、分析的都给写出来，然后扔出去跟
大家碰撞。

小徐｜历史学

我本科在复旦大学历史系，硕士在复旦大学政治学系，现在是媒体从业者。

历史学专业会学习哪些内容？

历史学相关专业会学习历史理论和历史事实的基本内容。其中前者就是方法理论的内容，在大学阶段会比较多，历史的基本事实会比中学阶段要少不少。

历史学相关专业最重要的素质，一是你通过学习更多的历史，掌握站在当时人视角认识当时事件的方法，这是种理解世界的方法。第二个就是阅读文献和检索文献的能力。历史学科最大的难点可能就是枯燥，因为它要处理大量的历史资料。你要长时间面对文字资料，可能一两年才会有比较好的结果。

历史学专业的就业方向是什么？

历史专业现在就业方向有挺多的，主要以公务员、老师等公共部门的职业为主。这个行业基本上是一个不会发大财，但是比较稳定的行业。

历史学

⑦ 理学

数学类 物理学类 化学类 天文学类

地理科学类 大气科学类 海洋科学类 地球物理学类

地质学类 生物科学类 心理学类 统计学类

好奇心是物理学习的引子

吴於人（同济大学物理科学与工程学院教授）

牛顿摆球摆件放置在桌面上，我抓起两个摆球，你猜测摆球掉落后会发生什么？一只蓝黄色的塑料鸽子仅靠鸟嘴做支点，就可以轻盈地"飞翔"，为什么它可以保持平衡呢？我是吴於人，不刷题的吴姥姥，也是同济大学退休的物理教授，今天我来跟大家分享分享我与物理的故事。

与物理相识

在我看来，"物理是有趣的、有用的、伟大的"。我希望的是一方面向年轻人传递关于物理和物理学家的知识，更重要的是，培养年轻一代对物理学科的好奇心。

父亲的影响对我还是蛮大的，他是新中国第一代航天人，平常工作既神秘又繁忙，一星期里往往只有周日的几个钟头能和我们在一起。在那几个钟头里，他常常给我们讲解杂志上动脑筋的题目。"如果这个人说假话，那个人说真话，会怎么样？"一开始他总是让我们先猜猜。经过一轮思考之后，再揭晓正确答案，帮我们姐弟俩梳理思路。

后来长大一点，我也会带"伤脑筋十二块"这样的玩具回家。不仅我感兴趣，我的父母也跟着一块玩。一个平整的长方形，由很多小方块组成。然后要拼回盒子是特别难的，但是我们全家弄。我爸爸买了那种方格本。弄出一种就把它记下来，然后再弄第二种，看跟前面不一样的就记下来。记了好多本子，我现在家里还有两本。

对所有事情好奇是家庭在我心中埋下的一颗种子，我是恢复高考后第二批参加高考的，当时还有人建议女孩子学师范就好了，但我还是决定选择自己喜欢的物理。我记得很清楚，我当时在农村支教，跟我的学生一起上了大学，现在想来还挺好玩的。

与物理相伴

我在同济任教期间研究物理教学中信息技术的利用，创建了物理探索实验室，希望做到变演示为探索，课内课外为学生营造物理研究的氛围，激发学生的物理学习兴趣，提升实践研究能力。我设计创办了"文科物理"课程，热衷于物理演示与探索性实验开发，利用信息技术进行物理教学的研究与实践。因为我在教大学物理的时候发现，学生对物理有明显的畏难情绪，尤其女孩子，她可能很擅长做物理题，但并不热爱物理，更别说好奇心和探索欲。所以，我要利用教学手段的创新，改变学生对物理学习的情感。

后来，我们在同济大学建设的物理探索实验室，受到大学生的喜爱。2007 年，在物理探索实验室的基础上，学校给予支持，上海市科委、教委给予指导和资助，共同创办了上海市青少年科技人才培养基地同济大学物理实践工作站，我任第一任站长。我希望从娃娃抓起，及早让他们获得科学探索的乐趣，养成研究的习惯，掌握研究的方法。这就是我正式面向基础教育阶段科普的起点。

工作站成立的消息，报纸做了报道。宽敞的实验室里有先进的实验设备和有趣的物理玩具。我们做好了十二分准备，满心期待地准备迎接青少年学生的到来，没想到，我们迎来的是一盆冷水。初期，偌大的实验空间，我还和工作站的大学生志愿者研发了物理研究型课程，却只等来三位小朋友。打电话来咨询的家长，一听教学内容，判断"跟考试关系似乎不大"，纷纷打了退堂鼓。

但我们不灰心，因为兴趣是最好的老师。我就是一名实践者，从小就被兴趣吸引着走到现在。于是，我们的假日物理俱乐部、物理狂欢日、假期科技营、趣味物理竞赛……各种活动相继研发推出，工作站渐渐热闹起来，参加物理研究性学习的学生逐渐多起来。

退休后，我和当时工作站的学生副站长，届时已物理学博士毕业的关大勇，投身到了"智勇科创实践基地"的创建中。同时，我们把科普搬到了上海的中小学校、街道社区和展览馆等各个地方，我希望孩子们能理解科学究竟是什么。

当下的坚守

2018 年，我和关大勇，联合同济十位博士教授成立了"不刷题俱乐部",旨在带领青少年逃离刷题苦海,提倡不刷题做研究。因为学习的过程就是研究的过程,做题也要秉着研究的态度。采用适合孩子不同年龄层次的实验研究,引导孩子遇到挫折后能够看到自己拥有的曙光,提升勇气,转而取得成果,享受到成功的喜悦,变得自信满满。我们出版了教材,课程逐渐成熟,并不断优化。在考分、升学、赚钱的压力下,我们对大多数内卷的家长而言,算是一股清流。

从一名退休的老教授摇身一变成为"网红",我的老年生活有了不少改变。如今,拍摄短视频已经成为我生活的重要组成部分,这也让我的生活与工作的边界感渐渐模糊,"有时候感觉不到拍短视频是一种工作,于我而言,就是生活的一部分"。即使是在家休息,我最喜欢的也是坐在电脑前写写东西,思考一下短视频接下来的拍摄想法,目前,还是很享受这样的状态。

我觉得我是个好奇心强、爱玩、喜欢科学的人,也容易接受新事物,并渴望宣传不刷题的理念,宣传科学的有趣、有用与伟大。但直接走到镜头前开设一个栏目,还是有顾虑的。在我们团队人员的鼓励下,我终于鼓足勇气。"这是一个望远镜,一个口径为 500 米的'天眼',像一口大锅……"南仁东的球面射电望远镜,用锅演示,可以很好地比画着解释,需要时,球面的每个局部都可以变成 300 米口径抛物面。我觉得这样演示,听众可一目了然,更容易感悟创新设计的巧妙。

做短视频,于我而言难点肯定是有的,这和给学生上课有很大的不同。如何在短时间内将一个知识点讲透彻?这就要求在实验器材选择上更贴近生活。自制器材,购买器具,利用生活用具,很多创意也源自科学、科技界的同行。如用铁锅演示天眼、用扫帚模拟太空中的宇宙射线……鸡蛋、花生、硬币等都能成为实验用品。同时，我也发现短视频是传播物理知识很好的载体。复杂的知识，经过视频化被演示得一目了然。这种生动性和互动性，是传统形式做不到的。

十多年了，随着环境的变化和技术的进步，我们依然继承着、改进着，想方设法用喜闻乐见的方式带着孩子们去探索万物深层次的规律，理解科学的奥秘，提升终身学习的意识和能力。这都不是靠刷题可以达到的境界。

总结

我还是认为物理是有趣的、有用的、伟大的。我希望向年轻人传递的不仅仅是关于物理和物理学家的知识，更重要的是，培养年轻一代对物理学科的好奇心、研究欲，以及自信自强的精神。我常和科普老师们说："你要培养一个有好奇心的学生，你自己是不是先要具备好奇心？""我们一定要努力提升自己的研究力和创新力，才能培养出未来科学家式的学生。"在这里我想跟即将成为大学生的你们说，好奇心永远是你在学习过程中一个非常重要的引子，不论你将来选择学习理科的物理、化学、数学，抑或是文科的相关学科，都需要坚持，都需要热爱，都需要努力！所以，同学们，朝着自己喜欢的方向去吧，未来在等着你们。

学数学真的很难，
但能为人生打好基础

宋浩（山东财经大学副教授）

数学，是大家从上学开始就会接触的学科，从小学到高中已经学了 12 年的数学，很少有同学还想继续学数学，数学甚至可能是很多同学的噩梦。但我相信也有不少同学已经体会到了数学之美。比如在解开高考答卷的最后一道大题时酣畅淋漓的感觉，比如《三体》里的杨冬说的"这公式真好看"，爱因斯坦和昆德拉也都说过巴赫的音乐具有数学的美感，甚至有朋友在玩德州扑克的时候，也能因为数学好而略胜一筹。

填志愿也许是同学们为自己做的第一个重大选择，你可能不熟悉志愿表上五花八门的专业门类，但至少你对数学不会陌生，如果你不抗拒甚至喜欢学数学，或者在金融、软件、物理学等专业之间摇摆不定，不妨跟我一样，先以数学打下基础。

我的老家在山东农村，高考报志愿时，父母都不懂，当时正在读大学的哥哥帮我选专业，稀里糊涂地就报了山东大学。我的本科专业是应用数学，大学期间最大的感受就是数学课多，数学作业多，晚上和周末的时间都在做数学作业。本科期间我虽然不太懂为什么要学数学，但胜在学习刻苦，为后面的硕士、博士、工作，打下了坚实的数学基础。

我硕士学的是运筹学，博士学的是管理科学与工程，算是跨专业。读博士时，同门的师弟和师妹，研究方向都不尽相同，金融、软件、能源、股票等方向都有，但都用到了大量的数学模型和知识，说明了数学的基础性和工具性的特点。

我毕业后就在山东济南的一所高校做大学老师，执教这么多年，虽然日常的工作主要是数学教学、备课、写讲义、解数学题这样的重复劳动，没做出什么惊天动地的贡献和创新，但还是很感谢"很难学的数学专业"和"曾经做过的数学作业"，既给自己提供了长期稳定的工作，亦使自己有能力解答学生碰到的数学难题，帮助同事提供经济、管理或金融问题的数学模型，甚至连亲戚朋友孩子的数学难题也能顺手解决。

身为大学老师，如果你有报考数学专业的意向，我还是得提醒你几点，免得你录取之后后悔。

数学成绩不好，还能学数学吗？

大家看到"数学专业"这四个字，脑海中的第一反应肯定是"天天做数学题"的学习情景。在很大程度上，这是真的！所有数学专业都要学很多数学课程，如果你初中高中数学特别差，考试经常不及格的话，那么选择数学专业就要三思了。

当然，学数学专业的也不都是华罗庚、陈景润那样的天才。个人的观点是数学成绩在中等及中等以上，可以考虑数学专业。

大学数学与高中数学有很大的不同，高中数学是以高考为主要目标的重技巧、重速度的解题训练，而大学数学是注重基本数学素养训练、涉猎面广泛的侧重研究型学习模式。

大学的数学类专业，各个学校的课程体系各具特色，差异比较大，我说一些有代表性的课程供大家参考。

数学分析、高等代数、概率论与数理统计是基础课，几乎所有数学专业都要学。数学与应用数学专业还要学解析几何、数值分析、数据库与数据结构、数学模型等。金融数学专业还要学金融学、微观经济学、宏观经济学、统计学、证券投资学等。统计学专业还要学抽样技术、应用随机过程、计量经济学、数据挖掘等。数学科学与大数据技术专业还要学：分布式计算、数据结构与算法、大数据技术原理、数据可视化等。信息与计算科学专业还要学数学物理方程、软件工程、证券组合优化等。

你是不是已经看得头晕了？如果我说很容易，你也不会相信吧？因为的确挺难学，但很多时候，过程越痛苦，结果越美好。大学数学课程的难，与高考数学的难，还不是一种难。虽然我讲授高等数学的导数部分很多年，可是我拿到高考的导数难题，竟然完全没有思路，真心惭愧。所以高中数学成绩不拔尖，也不用害怕大学就学不好数学。

高考数学，题目都是精心设计的，学生必须使用技巧、精心构建才能解答出来，在原始的定义、定理、性质的基础上，要绕好几个弯才能做出来题目。大学数学，因为每个学期都要学习好几门数学专业课，侧重基本概念、基本方法、基本性质的考察，考试的题目都比较直接，不会绕很多弯。

打个比方，如果把数学学习比喻成开挖掘机，高考数学就像开着挖掘机去点蜡烛、开瓶盖，大学数学就像开着挖掘机去挖一个水库，感觉上差别比较大。

女生不太适合学数学？或者学的人少？

这也是一个常见的误区，在正常的本科硕士教育阶段，男生女生学习能力差不多。据我的观察，本科班里学霸中女生居多，因为女生往往比男生更努力。

我统计了所在高校部分数学专业的男女生比例，可以作为参考。

专业类别（2020级）	男生人数	女生人数	女生占比
金融数学	69	57	45%
金融数学创新班	24	15	38%
应用数学	17	17	50%

总体来说女生占比45%，男生的比例略高于女生。如果进一步考虑中国男性比女性本来就多的现状（根据第七次全国人口普查结果，男性占比51%，女性占比49%），这几个数学专业班级的男生、女生数量就近似相等了。

有意思的是，我目前工作所在的统计与数学学院，有男教师65人（占45%），女教师81人（占55%），女教师的比例比男教师还高。大家回想一下可能也会发现，自己小学、中学的数学老师，可能也有很多是女老师。所以我想说，数学作为一门专业学科是没有性别偏好的，任何人都能学好数学，千万不要被社会传统思维限制了自己的可能，放弃自己热爱的专业。任何专业学习，都只会偏爱那些更勤奋、更努力的人。

数学专业具体有什么学科方向？

在同学们上大学之前，数学都是作为一门学科存在的，不会区分很细的方向。但是大学就不同了，我们所说的数学类专业，是泛指数学学院的所有专业，例如：数学与应用数学、信息与计算科学、金融数学、统计学、数据科学与大数据技术等。因各高校的学院设置不同，上述专业亦有可能放到统计学院、计算机学院或保险学院。

数学与应用数学：掌握数学科学的基本理论、方法和技能，具有扎实的数学基础，能够运用数学知识、建立数学模型、使用数学软件和统计软件进行数据分析及解决实际问题。

信息与计算科学：具有良好的数学基础和数学思维能力，掌握信息与计算科学的理论、方法和技能，能解决信息处理和科学与工程计算实际问题。

金融数学：具有扎实的数学基础，掌握经济学和金融学的基本理论与方法，具备金融信息与数据的定量分析、金融产品定价、金融风险评估与管理的能力，能够运用各种金融工具和数量分析方法解决金融实务问题。

统计学：掌握统计学的基本思想、基本理论与方法以及相关的计算机技术，能够熟练地运用统计软件进行数据收集、整理、计算和分析，可从事经济统计与分析、市场调查与分析、金融统计与风险管理、信息处理和数据挖掘等开发和应用性工作。

数据科学与大数据技术：掌握与数据科学相关的统计、经管、数学、计算机和其他应用学科的基础知识，以及数据分析、技术开发和应用的基本技能，从事大数据管理、信息处理、统计分析、数据可视化、数据挖掘等开发和应用性工作。

相同名字的专业，因各高校的演变历史、优势学科和教师队伍的不同，课程体系和培养特色也是不尽相同，各具特色。家长和同学们，可以提前做好功课，了解相关信息，或者根据自己之后想从事的职业方向，选择对应的专业门类。

数学类专业的读研方向

因为数学专业属于基础学科，也是很多专业的基础课，因此在考取研究生时，具备其他专业不可比拟的优势。

一、直接考取本专业的研究生

数学专业的研究生不算特别热门，竞争不像热门专业那么残酷，考上的难度相对来说还可接受。同时，数学专业容易跨专业考研，但反向考研的概率要小得多，因为本科不是数学专业的，很难学会数学专业研究生的课程。加上数学属于基础学科，硕士研究生的名额相对较多，考取研究生的难度，比一些热门专业要小。

二、跨专业考研

因为有了数学的扎实基础，所以跨专业考研时，数学就是咱们的强项，与其他专业的同学竞争时，都有明显的优势。跨专业考研，专业的选择还是比较广的，例如：计算机类，包括软件开发、人工智能、网络安全、大数据等；金融经济类，包括金融、投资、经济等。这些比较热门的专业，竞争会比较激烈，找工作容易一些。还有一类，是与数学紧密关联的一些专业，像管理类、信息类、控制类等，这些专业都需要过硬的数学知识，导师都很欢迎数学专业的学生。

三、出国读研

因为数学基础学科的性质，数学专业学生出国读研相对容易，且在国外找工作相对于其他专业更容易一些，像精算师、统计师等职业，在国外也是高薪行业。

数学类专业就业方向

一、高校研究人员和学校教师

从事数学专业或其他专业的研究和教学，对学历的要求较高，一般要求博士毕业或有博士后经历，有些高校要求有留学经历，且看重硕士和博士期间的研究成果，看重你现在的科研能力和未来的研究潜力。工作时间比较自由，只是科研压力比较大，适合真正喜欢数学和科研，愿意一辈子与科研、教学打交道的同学。

数学课程在高中、初中、小学都是主要的文化课，各个学校对数学教师的需要量都比较大，找个中学或小学老师的工作一般不太难。不过，现在高中、初中对数学老师的学历要求也越来越高，有些也要求硕士学历，甚至有些非常牛的高中，招聘的老师都需要博士学历了。

二、科技公司和企业

本科毕业或研究生毕业后，进入华为、腾讯、Oracle（甲骨文）等软件公司、制造公司，一般从事数据、信息、软件、管理等工作，后期发展也都很好。数学专业的毕业生，也可跨行到金融、投资、保险等行业，从事银行、股票、保险精算等工作。

数学属于基础学科，从某种程度来说，与外语、计算机一样，属于工具类专业，除了自身的研究和教学之外，还是其他很多学科的基础，例如计算机、人工智能、金融、经济等众多需要数据、需要数学模型、需要量化分析的专业。

艾伦·图灵是一位英国数学家和计算机科学家，他对算法和计算的概念进行了形式化，被广泛认为是理论计算机科学和人工智能之父。最近几年人工智能很火爆，包含了大量的数学模型和算法，比如 ChatGPT 使用了 Transformer 神经网络架构。没有非常扎实的数学基础，搞不好计算机专业的研究。

再比如说股票投资，华尔街的股票交易公司大部分员工都是学数学、物理、化学出身，而并不是学金融出身，顶级的交易大佬每天接触的都是海量数据、数学模型和算法程序。著名的量化投资鼻祖爱德华·索普就是数学天才，他是第一个战胜赌场的人，建立了金融历史上第一支依靠数学模型和量化算法策略赚钱的投资基金。

华为的 5G 通信技术是基于土耳其数学家埃达尔·阿勒坎的一篇数学论文中的极化码（polar code）技术，需要线性代数、群论和相关的编码通信知识。至于机械制作、工业控制、建筑设计等专业均需要大量的数学知识就更加显而易见了。看到这些例子，你就该明白数学这种工具的重要性了。

但是，与其他工具类专业相比，数学的学习难度大，但在其他的专业和领域内应用非常广泛，尤其是科技日益发达的今天，其发展后劲十足。

三、参军

大家可能想象不到，我们数学学院毕业的同学，参军的很多。因为国防、军事也都依靠高科技，导弹发射、卫星发射、新型武器研制、网络安全等，都需要高科技技术。数学专业的同学因为有本科的数学基础，后期经过知识拓展和业务培训，很快就能胜任军队工作。

其实，综合来说，本科阶段的数学学习，既能够为将来的研究深造打下基础，也能够帮助你毕业后直接投入各行各业的工作中。即使不从事数学专业的工作，良好的数理的学习能力和过硬的逻辑思维能力、有条理的做事风格，对于绝大部分的工作来说都是非常重要的。连航天员都需要学高等数学，王亚平接受航天员训练的第一门课就是高等数学。

最后，对欲报考数学专业的同学们嘱托几句，因为我也教数学专业的专业课，平常上课时，我也经常这样嘱托我的学生。

数学基础：如果想报考数学专业，并不要求你的数学成绩超级好，但是你的数学成绩不能很差，因为毕竟大学数学还是有相当的难度，比高中数学要难很多。你的高中数学如果比较差、基础薄弱，是很难学好大学数学的。

数学兴趣：如果想报考数学专业，你要对数学有比较浓厚的兴趣，起码你看到数学书不能头疼，如果你看到数学就头疼，先

理学

天对数学有恐惧感，那就别报数学专业。

数学优势：如果是数学专业在读的本科生，希望你们要把数学学好，因为你们的优势就是数学，不管你将来从事数学专业的工作，还是从事其他专业的工作，先把基础打好。为了能顺利毕业，为了能考上硕士研究生，或者为了将来比别人更有竞争力。起码我们的数学就是得天独厚的优势，大家加油！

学心理学就像探索全宇宙

韩卓（北京师范大学心理学部教授）

亲爱的同学你好，听说你也考虑要进入心理学纷繁美妙的世界中进一步探索了？作为一个过来人和热爱了这门学科快二十年的心理学家，请允许我来讲讲我和心理学的故事，希望能够助力你做出一个经过深思熟虑的决策。

这才是心理学

你可能首先想问我的问题是：心理学到底是什么呢？你为何对它如此感兴趣呢？对于这个问题，其实有件令我记忆犹新的事。但在说这件事情之前，我首先想要澄清的是，心理学其实不是什么。市面上有很多关于心理学专业的常见误解，很多人如果听说你是学心理学的，往往会立即说："啊，那你是不是能看出我在想什么，好可怕呀。"还有人听说心理学，想到的就只是弗洛伊德、梦的解析和精神分析这些名词，感觉好像没其他了。但其实心理学远远不局限于这些。

理学

如果你想要先彻底了解心理学，《这才是心理学：看穿伪心理学的本质》是一本我非常想要推荐你阅读的书目。这本书在中国已经出了 11 版，在学校图书馆长期处于借阅状态。这本书里基本没有涉及太多具体的心理学结论，却仍是每一个想要开始接触心理学专业的同学的必读书籍。因为它回答了两个非常关键的问题：作为一门科学，心理学是如何思考的？为什么比起直觉、玄学、星相学，科学家们更偏好这种思考方式？

如果你还在犹豫自己的志愿，并且抱着一点点的小私心，觉得我学了心理学就能看穿别人的内心或者给别人解梦，先读一下这本书准没错。如果这本书帮你否认了一个选择心理学专业的错误答案，那么接下来，希望后面的故事能够给你坚定选择心理学的正确理由。

回到一开始提到的，我的第一本心理学 101 教材是迈尔斯的《心理学》，作者竟然没有开篇援引设计了第一个心理学实验的冯特，亦没有请出大众心理学情人弗洛伊德，而是引用了一位哈佛大学天文学家的话来帮助我们去思考心理学到底是什么、为何如此令人着迷。

这位天文学家的观点是：在我们的宇宙中，有上千亿个星系。相对而言，我们所在的星系只是其中一个小斑点。而就是这个小斑点，里面蕴含了两千亿颗恒星，许多恒星又被行星围绕。在这种维度上，我们人类就仿佛是广袤沙滩上的一粒小沙子，而我们的一生，简直就是沧海一粟。但所有的这些，跟我们的大脑相比，都还是不够令人惊奇和震撼。我们的大脑，是迄今为止全宇宙中我们已知的最复杂的物体。大脑产生的思维过程（想法和情绪）和思维的产物（行为），对我们来说是个无限深奥的谜。

而心理学就是研究我们大脑的思维过程和它的产物的。

这个宇宙维度的类比一直在我脑海里挥之不去。一方面，在自己感觉焦虑或抑郁时，我就会想想自己在宇宙的维度连沧海一粟都够不上，也就认知重评（一种调节情绪的良方）了。想到这里，就觉得没有过不去的事。但更主要的是，这段话令我更坚定了当年的专业选择，接触越多心理学的现象、原理和研究，我就越是对人们的思维过程和行为，以及人与人之间擦出的思维火花感到好奇。对我来说，这些充满了奥妙。

所以，心理学就是研究人类和动物思维过程和行为的科学（the scientific study of the mind and behavior）。如果这对你来说还是太抽象，请允许我举几个例子来帮助你理解。下面这些问题中，如果有你曾经好奇或者感兴趣的话题，那么你其实就是在思考心理学范畴的问题了。

为什么我在恋爱中总是患得患失呢？为什么当恋人与自己亲近或者突然对自己特别好的时候，就会感到内心非常紧张，不由自主地逃避甚至厌恶对方？为什么对喜欢的人充满期待，却又害怕被抛弃呢？这些恋爱的行为模式跟个体童年早期与主要抚养人形成的依恋关系是否相关呢？

为什么我最近一段时间情绪像坐过山车一般？是什么激发了我这么多的坏情绪，特别是抑郁的情绪呢？这些抑郁的情绪会不会把我搞成抑郁症呀？

大街上的小宝宝们都好可爱，但他们是什么时候开始学会说谎了呢？他们每个阶段是更喜欢跟同性小伙伴还是异性小伙伴玩呢？他们都会玩哪些类型的游戏呢？

我们是什么时候开始学会隐藏自己真实的感受的呢？

为什么有的同学特别擅长背东西，总是能在考试时很轻松地把需要记忆的材料顺利提取出来？他们都使用哪些方法记下这么海量的信息呢？

人们的个性千差万别，是基因还是后天环境对这些个性的塑造影响更大呢？

同样是面临考试或者社交压力，为什么有一些人调节这些压力的能力就会比另外一些更强呢？他们使用的是哪些方法呢？

这些好玩的心理学问题，我可以一直写下去，而这些都只是心理学众多研究问题中的一小部分。目前仅是美国心理学会官方认可的心理学分支就有 54 个（APA divisions），包括被众星捧月的大众心理学分支（如社会心理学、临床心理学、发展心理学等），也包括很小众但是很时髦的小众分支（如美学、创造力和艺术心理学、消费者心理学等）。如果你在大学进入了心理学院系，你可能会惊奇地发现，原来从事不同分支的心理学老师仿佛隔行如隔山，在使用完全不同的研究方法和实验工具。

我们刚说心理学本质是一门研究人类和动物行为还有心智的科学，所以它必然涵盖对个体和群体的思维、认知、情感、行为等各方面的研究，因此采用的手段也丰富多样。所以有的老师做问卷调查，有的做生理测评，有的采用脑成像手段，有的做行为观察和编码，还有的什么都涉及，做多角度研究去回答感兴趣的科学问题。经过四年心理学院的洗礼过后，不乏学霸同学精通了十八般"武艺"。而更多同学走入心理学的世界之后，都会发现自己通过学习，确实能更好地认识自我、管理自己的情绪和行为、理解生活的世界，或者对人们到底为何做或者不做某件事情背后的动机，产生了更加深刻的认识。我觉得这些都是我们在未来生活中很重要的技能。

探索心理学的方向

在本科阶段，心理学专业的同学们一般都在忙两件事：一是完成心理学基础知识的积累和科研方法的训练，二是慢慢确定自己未来到底想要具体往哪个方向发展。大部分同学可能会有攻读硕士和博士的想法，这些同学要做的就是不断完善自己的科研简历，比如加入一个或几个导师实验室，参加导师例会，一起设计研究，收集数据，分析数据，甚至一起撰写论文等。我们实验室也是每年都有本科生同学加入一起做研究。还有的同学可能会想毕业后直接进入职场，这些同学通常会选取更多应用型的课程模块，比如更偏向管理心理学或心理咨询类的课程等。

但在基础方面，不管大家心仪的具体方向是什么，本科生都要确保自己掌握基本的科学方法论和心理学知识体系。因此，像普通心理学（心理学的入门课程）、实验心理学（教大家如何设计心理学实验），还有心理学研究方法基础课程等，是所有心理学本科生都必须掌握的。除基础课之外，不同方向的心理学分支，研究问题的差异就比较大了，我们经常调侃说，同为心理学研究者，有时甚至会听不懂对方在说什么。比如大家可能会讨论的人们为什么会有从众心理，这是社会心理学的研究范畴；我们小时候的个性是基因还是教养方式影响更大，这是发展心理学的范畴；抑郁了、焦虑了谁能帮帮我，这是临床心理学的范畴；我该怎么做才能提高记忆力，这是认知心理学的研究范畴；我失恋了如何通过跟咨询师聊聊能让自己感觉好一些，这是咨询心理学的范畴。

当然除此之外，心理学还有很多很多其他分支，例如教育心理学、认知神经科学、管理心理学等，但不是所有心理学院系都有所有的心理学分支，因为真的太多了。有的相对很小众，比如我之前在 B 站视频里讲的帮助运动员调整状态的运动心理学。还有气候和环境心理学，就是去研究怎么做才能让人类更环保。像我们小时候看到，贴在公用水龙头上面的大标语"地球上的最后一滴水就是人类的眼泪"，这种我觉得就是气候和环境心理学家们会做出来的事情。这些都是相对小众的分支。

心理学专业的同学们通常会在本科阶段各种去探索、各种去尝试，然后发现自己具体的兴趣到底在哪里，以进行下一阶段更加深入的学习。哪怕所在的院系里现在并没有这个分支，也不要紧，还是可以在研究生阶段去继续自己最感兴趣的研究方向。

同样地，如果你的本科不是心理学专业，但研究生阶段想深入学习，当然也完全没问题。事实上，很多老师其实很欢迎本科是其他专业的同学一起投入研究生阶段的探索，因为这些学生可能会带来不同视角的很多想法，说不定能够产生交叉学科碰撞的火花，比如像生物学、计算机、数学等这些都是心理学老师们在这个阶段很喜欢招的专业。

比如我在本科期间，学的是英文专业，课业要求及机缘巧合之下，我阅读了很多英文版本的心理学图书，包括目前传播最广泛的教材《心理学与生活》，大众幸福指导手册《真实的幸福》，纽约时报畅销榜冠军的心理学图书《男人来自火星，女人来自金星》，教人们认识压力和疾病关联的佳作《斑马为什么不得胃溃痫》等，有的我甚至早就想不起书名了，只是在网络视频和社交媒体没有如此发达的当年，这些心理学图书给我提供了极为重要的陪伴感和充实感。其中有很多甚至到今天都是我常用的指导我工作、生活、科研、教学的必备参考书。特别是对于当年对专业颇为迷茫的我来说，犹如救命稻草，让我看到了未来我想要追求的方向。虽然到今天为止我都认为英文专业给了我很多学习心理学的优势，包括对西方思维方式较为深入的了解（很多心理学经典著作和模型还是以西方思维方式为基础，但这种趋势在近十年内正在改变）、对英文文献较为快速和无障碍的阅读和理解、撰写论文的逻辑思路和语言流畅度等，但是仅对我而言，我还是觉得英文专业更像是一门工具学科。所以后来，因为 GRE 和 TOEFL成绩都很好，加上面试表现还可以，在硕士阶段我如愿以偿，收到了 12 所学校的录取通知，最终我选择去哥伦比亚大学教师学院的临床心理学方向正式开始我的心理学学习生涯，所以我一直把这段时光当成我心理学学术生涯的开始。

而一旦开始，便一发不可收。我开始从课堂学习、实验室实践、图书阅读、文献整理等所有的线索中去探求和寻觅，慢慢在心理学广袤的众多领域中坚定了我最感兴趣的方向。一开始是因为对压力和心理疾病非常感兴趣，所以选择了临床心理学方向，阴差阳错之下也做过最严重的精神障碍的研究，即精神分裂症的研究。听说我的科研导师为了坚定地做好精神分裂症的研究，在十年的研究过程中除了把自己培养成了终身教授，还顺便也把自己练成了空手道的高手，因为他的研究需要跟众多强制入院、正在发病期（如出现严重幻觉或幻听幻视）的病患进行对谈。后来我自己也因为几次跟病患家属的随诊经历，加之过度共情的个人特质，几乎每次都哭哭啼啼地从医院回到学校。

所以慢慢地，我的研究兴趣也被自己的很多个人特质所塑造，选择了在临床心理学谱系上的心理病理症状的研究。简单来说，就是我们每个人都可能会被一些令我们烦恼的症状（心境抑郁、焦虑不安、注意力涣散、睡眠困难等）影响，但这并不意味着我们罹患了心理疾病。换句话说，即便我们大多数人的这些症状的强度和组合没有达到临床水平的心理疾病，但是这并不意味着这些症状不重要，它们还是影响了我们社会功能的一些方面，这些症状因何产生以及如何减轻等问题的机理研究也至关重要。所以，我之后的所有研究几乎都在围绕这个主题：人们为什么会产生心理病理症状，怎样能够帮助人们减少这些心理病理症状？

围绕着这个主题，我在回国后创立了独立的心理学实验室，我把它起名为 PERK Lab，除了因为 PERK 本身的意思包括优势等非常积极指向的好彩头，更主要的是把它拆分了也是我们研究扩展的四个方面：P 代表 Parenting，教养方式；E 代表 Emotion，情绪；R 代表 Relationship，关系；K 代表 Kid，孩子。把这些词跟我们的研究主题串起来，就是我们想了解的各种方面，特别是教养方式、情绪（特别是情绪调节能力）、关系（特别是亲密关系和亲子关系）是如何影响孩子们的心理健康发展的。随着研究队伍的不断扩展，也随着我们各自人生经历的变化，我们的研究范围，想要回答的科学问题，在广度和深度上都得到了拓展和交叠。但是对我来说，唯一没变的是那份发自内心对自己的职业、对心理学的热爱。

所以当现在有人问我参加工作多久了，我甚至有些恍惚。因为从博士毕业回国来到北师大心理学部工作，到现在已经足足有

146

十一年半的时间了，可我为何一丁点都不觉得过了这么久呢？而我，此刻在一个阳光明媚的午后，坐在熟悉的书桌前码下这些关于我的志愿和心理学的故事时，竟然仍有一种刚刚入职时候的兴奋与期待。特别是想到看到这些内容的你们之中，可能有人就是未来我的心理学同行、下一代的心理学家，我竟激动得眼圈泛红。人生若只如初见，原来是一个人对其热爱所说，不论这份热爱是针对一个人、一个专业、一种职业，还是十年的青春。

理学

理学专业学生访谈

取景框看世界

小陈 | 数学与应用数学

我本硕博都毕业于复旦大学数学系，目前在上海一家国有信托公司，从事标品投行的工作。

数学专业可以和哪些专业交叉？

从实际角度来看，我发现数学专业最容易跨界的领域应该是计算机科学，因为这两个学科都有共同的逻辑公理作为基础。其次，数学也容易与其他理科学科进行跨专业交叉，比如物理、生物和化学等。以我的博士研究方向为例，我研究类脑人工智能，博士论文应用了数学方法和统计学手段，首次定量地研究了精神分裂症患者的病理周期和服药效果。我认为将数学方法应用于其他交叉学科中是一个非常有趣的方向。但实际上，数学并不局限于此。

举个例子，我的本科同学和我一样是数学系的，但他研究生却去了美国纽约大学学习音乐剧，现在是亚马逊音乐的作曲人。因此，我认为数学之所以是一门特殊的学科，不是因为它属于自然科学，而是因为它赋予人们无限的可能性。正是由于数学的无限性，使人们有更多的机会、更多的选择和更多的视角，去发现你没有发现的事物，去发现更多观察事物不同而美好的角度。

狸子 LePtC ｜物理学

我本科获得了北京航空航天大学的核物理和应用数学双学位，然后直博到清华读了物理学博士，现在在高校做博士后研究员。

物理学专业会学习哪些内容？

"前两年力热光电、高年级再学一遍、毕业前专业训练、科研时随机应变。"

力热光电这些内容虽然在高中已经学过了，但在大学会更加深入。例如高中的力学没有学刚体的转动、中心力场，高中的电磁学没有学高斯定理、环路定理等。

这四门物理课程可以被视为物理系的开胃菜，而许多工科专业需要学习一门名为"大学物理"的课程，该课程在一年内将这个层次的物理课程整合在一起。高年级再次学习这些知识，指的是四大力学，分析力学、统计力学、电动力学和量子力学。

以上只是物理系学习内容的一半，物理专业的学生还需要花费另外一半的时间来学习数学。高等数学、线性代数、概率论与数理统计是理工科专业中普遍要求的数学基础课程。有些高等院校会用微积分代替高等数学，用高等代数代替线性代数，并增加更多数学系的内容。但是对于应用方向的学生而言，学习大量的数学知识并不是必要的。

除了主菜之外，物理系学生还需要学习一些辅助课程。例如，大学化学是一门将化学专业的基础知识打包在一起的课程；计算机和编程、机械制图以及数电模电是物理系学生需要学习的内容，甚至连经济管理专业中也有这些课程。

小陶 | 物理学

我本科毕业于华东师范大学物理系，博士毕业于复旦大学物理系，目前在一家医疗科技企业从事研发工作。

物理学专业的就业方向是什么？

大多数物理专业本科毕业生会选择继续深造，其中一部分会选择在物理领域的某个专业继续学习，另一部分则可能选择非物理专业进行深造，如金融学、教育学、微电子或计算机科学等。

在就业方面，大部分本科毕业同学会选择教师或其他就业方向。硕士毕业生大多数仍会选择继续深造，去攻读博士学位，只有少数人选择就业，他们的就业方向与博士毕业生的就业方向相似。博士毕业后，大约 1/3 至 1/2 的同学选择去海内外高校或研究所继续攻读博士后学位，而另一部分同学则进入了研究所或各种高端制造企业。

虽然博士后通常被视为一种学生身份，但实际上，它已经是一份工作，博士后和导师之间更多的是一种合作关系。

那些选择进入研究所的同学，可能从事雷达研究和核物理研究等，能够为祖国的国防事业做出自己的贡献。而且据我了解，这些研究所的待遇至少能够让你在当地过上衣食无忧的生活。

另外，一些同学直接加入了企业界。主要涉及高端制造业的三类企业。

第一类是与芯片设计和制造有关的企业，包括芯片设计、芯片工艺制造、光刻机研发和半导体检测等。虽然近年来芯片行业受到了很大的打压，但国家正投入大量的人力和财力来发展这个领域。因此，这个行业的前景非常光明。

第二类是医疗科技企业，涉及磁共振、CT 以及可穿戴医疗设备等。由于生活条件越来越好，人们对医疗的需求也越来越高，因此这个领域的发展前景也是非常光明的。

第三类是与科学仪器相关的企业。不管是物理、生物还是化学研究，都需要使用非常精密和高端的科学仪器，如扫描隧道显微镜、角分辨光电子能谱和 X 射线衍射仪等。这些设备主要依赖于进口，且价格非常昂贵，因此这个产业需要更多的高端人才加入。

从事以上三类企业中的研发工作的物理系毕业同学，通常薪资待遇处于中等偏上的水平。当然，还有一些同学选择进入金融、互联网等行业，或者考选调生去从事教育工作。

胥子含是丫小丫瞪你 | 化学

我本科就读于复旦大学化学专业，研究生就读于美国约翰霍普金斯大学材料学专业。

化学专业会学习哪些内容？

主要学习内容分为无机化学、有机化学、分析化学和物理化学这四个板块。这四门大课几乎占据了我本科所有的学习时间。此外，每个学期我们还需要参加与专业课程相关的实验课程，因此在专业知识密集学习阶段，我们几乎每周都会有一整天时间在实验室里进行教学实验。

除了这四个大板块，化学还有一些专业课程，如化学生物学和化工原理等，也是我们需要学习的内容。大约在大三和大四的时候，我们还会加入自己感兴趣的课题组，并在课题组中进行一些实验和研究。

化学专业有什么素质技能要求吗？

我们系的同学们经过讨论后得出的统一答案是：要吃苦耐劳。

化学系的同学每周至少要在实验室里度过整整一天的时间。一旦加入课题组，这个时间就会更长。我本科时做毕业设计的实验室里有一个非常厉害的博士师兄，是我们的科研领袖，几乎就是"007"。如果没有一点吃苦耐劳的精神，我觉得还是挺难坚持下来的。

另外，我觉得一定要有耐心。光是刚刚提到的那四门大课就需要大量的时间去消化和内化知识。只要你想学好，就会经常在教学楼里写作业。我们经常开玩笑说我们读的不是大一大二大三，而是高四高五高六。因此，作为一名经历过三年高中生活的学生，你需要养足耐心，经历大学四年的高强度学习。同时，我们需要花大量的时间在实验室里工作，虽然这个工作具有创新性，但也有很大一部分工作是重复单调、枯燥的。说实话，我以前性子很急、很暴躁，但大二时在无机教学实验室里被我们的实验老师调教了一年，出来之后我变成了一个平静、有耐心、情绪非常稳定的人。

高孟德 | 化学

我毕业于复旦大学，本科到博士都就读于化学系，目前就职于某新能源公司。

化学专业的就业方向是什么？

化学系学生的就业方向，大体可以分为三类。首先，你可以留在学校继续从事学术研究，但这通常需要通过一系列非常漫长的过程，拿到博士甚至博士后学位，才能成为一名青年研究员，可以说是一条充满挑战的道路。其次，你可以利用自己的专业能力进入某些技术公司，从事一些化学类的研发岗位或者成为化学公司的管培生等。最后，可以利用自己的专业技能背景去从事其他行业，例如咨询公司、券商的行研或者是当老师等，这些职业中你的专业能力会有一定的加分。

理学

高高 | 地理科学

我本硕都毕业于华东师范大学地理科学学院，现在是一名公务员。

地理科学专业会学习哪些内容？

本科阶段，我们学习人类在地球上生活相关的各个地表圈层结构的专业知识。例如，我们学习与水圈相关的水文学专业课程，与大气圈相关的气象学和气候学，以及与岩石圈相关的地质学和地貌学。此外，我们还可以选择一些选修课程，例如城市地貌和第四纪地质等。我们也学习与人类生存相关的人文地理学和经济地理学。整个本科阶段的学习科目涵盖了与地理相关的所有知识和门类。

地理科学专业的就业方向是什么？

主要有四个方向可供选择，第一个是从事科研工作，第二个是成为教师。我认为这两个方向都适用于来自不同院校背景的同学，并且可以选择从小学到高中的各个教学阶段。第三个方向则与你的专业和院校背景相关，例如我们专业的许多同学可能会去环境公司、中国环境科学研究院等，而学习地理信息科学的同学可能会去地信公司或计算机相关的大厂。这个方向可能对院校背景的要求较高。第四个方向是从事与专业不太相关的工作，例如考公务员或跨界从事其他相关工作。

小曾｜大气科学

我本科毕业于中山大学大气科学专业，研究生毕业于复旦大学大气科学专业，目前就职于气象局。

大气科学专业会学习哪些内容？

大气科学专业主要可分为三类课程。第一类是基础数理课，包括高数、线性代数、数学物理方法、流体力学，统计学和计算方法等。第二类是专业课相关的一些课程，如大气科学基础、天气学原理、动力气象、热带气象、气候学和大气化学等。最后，还有编程和绘图的语言课程，包括 Fortran、NCL 和 Grads。

大气科学专业的就业方向是什么？

针对与专业对口的一些岗位，有几个不同的方向可以考虑：

首先，是学术科研方向。其中一个选择是继续在大学中从事科研工作，另一个选择是进入一些与气象行业相关的研究所，例如上海的台风研究所、佛山的龙卷风研究所和广州热带海洋气象研究所等。

其次，是应用性较强的一些岗位。这个方向下可以分为几个大类。气象局的预报员是其中一个岗位，主要负责日常的天气预报。机场的空管局也需要气象专业人才，他们主要负责机场的临近预报和保障航班的安全。此外，国内近几年出现了很多气象公司，他们主要为企业和个人提供气象咨询服务。

最后，还有一些与公务员和体制内相关的岗位，包括大气司、各地的资源管理局、环境局和消防局等。

理学

殷尚墨羽｜生物科学

我目前在复旦大学读博，专业是神经生物学。

生物科学专业会学习哪些内容？

首先，我想澄清一点：高中生物和大学生物存在很大的区别。高中生物可能更偏向于记忆，但大学生物则需要综合数学、化学，甚至物理等多方面的知识。因此，大学生物对数理的要求更高一些。

具体到学科来说，大学的生物课程主要分为两大类，一类是理论课，另一类是实验课。

理论课主要分为三个层次。比较基础的层次包括动物学、植物学、微生物学等，主要学习生物的分类、进化、结构等基本知识。更高阶一点的课程包括遗传学、细胞生物学、生物化学等，它们用更高阶的方法和理论来研究问题。再综合一点的第三个层次，需要把前面所有的知识打包在一起，比如神经生物学、生态学、计算生物学等，它们致力于解决一些具体的问题。

实验课实际上就是第一类理论课的实践支撑，因为生物科学是一门经验科学，需要动手实践。

生物科学专业有什么素质技能要求吗？

学习生物学这个专业，对于本科生而言，重要的是具备良好的学习能力和态度，只要这些基本能力足够，就可以轻松地学习这门学科。但是，如果你希望在专业上有更高的要求，我建议你需要具备两点能力：一是较好的数理能力，二是较好的实验动手能力，只要其中任意一点做得很好，都可以有很好的发展。

总体来说，学习生物学的难度并不算高，但是需要有较好的记忆力和一定的数理素养。如果你在这两个方面比较薄弱，可能会在相应的学科中感到吃力。在科研方面，数理能力和实验动手能力是最重要的难点。

Iris 学姐｜统计学

我本科毕业于清华大学数学系，学的是概率统计方向，之后在美国拿到了生物统计学的博士学位，现在依然在从事相关的科研工作。

统计学专业会学习哪些内容？

统计学的主要任务是用数学方法对数据进行建模，试图找出其中的规律，以便预测未来并指导人们的决策。有些学校会开设专门的统计学专业，但清华、北大等一些高校把统计学归入数学专业的一个分支。

虽然各高校培养方案存在差异，但通常会包含以下几个部分：首先是学习一些基础的数学课程，具体深入程度因学校而异，但至少需要学习高等数学中的数学分析和高等代数两门基础课程。其次，需要学习概率论，这也是高等数学中的一个分支，是绝大多数统计理论的基础，是非常重要的一门课程。最后才会学习一些统计方法，比如如何进行线性回归、假设检验等，并且还会涉及一些编程的学习。但整体而言，难度并不会很大。

学好统计学，我认为最重要的是首先要有扎实的数学基础，如果数学基本功打得好，那么学好统计学会变得轻松很多。其次，需要具备一定的编程能力。在本科学习中，这一点通常不会被过分强调，但如果想要在业界工作，这两个技能是非常有竞争力的核心技能。

统计学专业的就业方向是什么？

统计专业的就业前景非常广阔，因为统计学主要培养分析和处理数据的能力，所以在各个行业都会有应用。

根据我的经验和身边同学的情况，就业主要集中在金融、科技和医药领域。在金融领域，可以担任量化研究员，主要处理金融市场数据；在科技领域，可以担任数据科学家，主要处理用户和产品数据；在医药领域，可以担任生物统计学家，主要处理临

理学

床实验数据。这些行业比较热门，整体薪资水平还是不错的。

除了以上这些业界的工作机会，想要继续从事统计方面的科研工作也有不错的机会。首先可以去高校当老师，一般就是助理教授、副教授和正教授这样的职业路径。统计专业现在还没有过度饱和，如果博士期间的论文表现不错的话，就可以在国内外比较好的学校找到教职。相比于其他很多，可能需要做2—3个博士后才能找到教职的专业，统计学在学术界的科研机会还是不错的。另外，想要继续从事科研工作，也可以去科技公司的研发岗位。

整体而言，统计专业的就业前景非常乐观。随着技术的发展，人们获取数据越来越容易，数据量也越来越大，对分析和处理数据的需求也越来越大。各个行业只要有数据需要做数据分析，都会对统计有需求。因此，整体市场对于掌握统计技能的人才需求还是比较大的。从我的角度来看，统计学仍然是一个非常有前途的专业，非常推荐大家去学习。

⑧ 工学

力学类 机械类 仪器类 材料类 能源动力类 电气类

电子信息类 自动化类 计算机类 土木类 水利类

测绘类 化工与制药类 地质类 矿业类 纺织类

轻工类 交通运输类 海洋工程类 航空航天类 兵器类

核工程类 农业工程类 林业工程类 环境科学与工程类

生物医学工程类 食品科学与工程类 建筑类

安全科学与工程类 生物工程类 公安技术类 交叉工程类

建筑是空间的艺术

曾群（同济大学建筑设计研究院教授级高级建筑师）

我学建筑，一半是受到了父亲的影响，一半是出于偶然。我们家祖籍江西，算是一个小小的书香门第。父亲从事文化方面的工作多年，所以我从小受到熏陶，对绘画艺术颇感兴趣。1985年高考填志愿，面对各种专业名称，我真的无从选择。当时我看过陈从周先生的著作《说园》，也了解一些他的事情，就想选风景园林专业。父亲有个朋友建议说：既然如此，你应该学建筑，建筑是更大范畴的一个学科，风景园林只是其中的一部分。（后来知道，建筑隶属工科，本科专业大类有三个分支：建筑学、城市规划、风景园林。）

似懂非懂之间，我最终选填了同济大学的建筑学专业，并且真的考上了。

此后，我在同济学建筑七年，四年本科（现为五年），三年硕士，和全世界所有建筑生一样，做得最多的事就是画图、画图、再画图，各种平面、立面、剖面还有透视图。每到要交图的时候，"加班"是常态，甚至需要在教室里搭个铺，睡醒起来

160

就啃着面包继续画。当时计算机还没有普及，完全靠手绘。我要先把纸弄湿了，裱在画板上，绷好，然后用鸭嘴笔和针管笔画。经常画到一半画坏了，就得重新来过。每个学期的期末大题下来时，就要通宵赶图了。那时的教室宿舍晚上会熄灯停电，同学们都要四处找有电有灯的地方，我就曾在学校的广播室里混过几夜。

除了设计，还要学建筑理论、建筑史、结构、材料等。学建筑很像修习临床医学，没有什么捷径，就在老师的指导下学，一个体系又一个体系地学。现在还需要实习一个学期，真的到设计院或企业去工作，也很像医学生在医院的专业实习。

整个学习过程，就是一个由易到难、循序渐进的过程。从小面积、小基地的设计开始；到一栋简单的房子，更复杂的地形，更多建筑物；再到一组建筑，学着考虑它们之间的关系；然后除了建筑本身，开始学着关注建筑外部的空间，进入城市和规划的视界。

建筑学学业不可谓不繁重，但我并没有感觉过痛苦。直到三十多年后的今天，再回首当年，我依然确信并庆幸，那是一个不错的选择。

培养通才的学科

建筑学最吸引我的地方是：它是比较少见的，横跨了技术与艺术，并能把个人的兴趣爱好和专业学习，乃至未来的职业和生活，都结合得非常好的一个专业。

很多学科和专业，其学习和研究是个逐步深入的过程。当你探究到一个很深的地方，实现了突破，你当然会很兴奋。但建筑学有非常大的广度，尤其在本科阶段，广度甚至比深度更重要。

我常说建筑学是一个培养通才的学科。与其他学科和专业相比，建筑学有个非常独特的地方，就是它的教育方式具有通识性，你既要学建筑、结构、机电，还要学很多文学、艺术、社会学、计算机技术，甚至心理学的知识。虽然不必样样精通，却是了解得越多越好。

还有两个有意思的现象：首先，在国外，有不少学生是在读研究生时才选择了建筑学，本科可能是文学、艺术或其他。然后，你会发现在现实生活中，有不少艺人都是学建筑学出身。比如陈奕迅毕业于英国金斯顿大学，吴彦祖毕业于美国俄勒冈大学，都是建筑学专业。还有布拉德·皮特，虽然学的是广告设计，但非常热爱建筑，从影前曾加入盖里建筑事务所。

还有不少人本科读建筑，研究生阶段又"转行"到了别的领域。我有不少同学和同事，有转去计算机行业的，也有从事金融工作的；至于加入动漫行业，或者做摄影师的就更多了。他们没有将建筑师作为终身职业，并非因为就业困难，而是因为，建筑原本就是这样一种内涵很丰富、职业方向选择面非常广的专业。

走出去

建筑又是一个需要深度体验的学科。一座所谓的好建筑，并不停留在外观视觉的好上，甚至在里面走一走，体会到内部的好，也还是不够的。好建筑与时间有关，在使用过程当中才能体验出它全部的好。所以很多经典的建筑，多年以后去看还是特别棒。

我们在本科期间，大一、大二的暑假都要外出写生，还有很多实地的参观考察，实际上就是去外面看各种各样的建筑。这是我最喜欢的课了，大二时曾去福建测绘土楼，至今难忘。

有人的地方就有建筑，那些建筑又和生活在其中的人息息相关。放下画笔和模型，走出校门去实地体验，我们可以走到街上，去另一个城市，另一个国家，观察这个世界，体验生活，体会建筑和人的关系。我们会拥有体验者视角，会有意识地去体验这个世界。当我们试着用建筑师的眼光去看待这个世界时，会发现很多不一样的地方。

我现就职于同济大学建筑设计研究院，也担任着城规学院建筑系的硕士生导师。20 世纪 80 年代，我们没有互联网，资讯来源就是几本杂志和外国建筑类书的影印本。现在学生们接受的信息无疑比我们那一代更多更及时。全世界哪里出了最新的建筑，第一时间就能看到。他们知道某些很冷门的建筑师和作品。问题是，如果只重视知识的获得，当视野、知识面广到一定程度，可能反而会陷入信息茧房。可以做的选择太多，反而无从选起了。如何沉下心来，整理听到看到的信息，捋清它们之间的关系，提取出价值，并以自己的语言储存起来，其实不容易。这是每一个学生，包括我自己始终要学习的。

你擅长搭积木吗？

什么样的人适合去学建筑？

首先，应该与性格无关，我认识的建筑师里，内向性格、外向性格的都有。不过我想，学建筑学的人，必须拥有的一个特质，那就是开放性思维。建筑学是多学科交叉构成的复合型专业，需要学生习惯以开放性的头脑去接受很多东西，无论纵向还是横向的。

如果一定要说天赋什么的，那么空间思维能力对学建筑是比较有益的。建筑学和平面绘画还不一样，画得好的人不一定能学得好。以前我们读书的时候对绘画是有要求的，还要加试美术，现在只有一年级会进行少量的手绘。在计算机技术日益发达的情况下，传统的所谓画好一张效果图，实际上已经很容易。

建筑学是空间的艺术，不同于其他艺术门类，它要求有好的空间感知能力，不仅是三维空间，还包括对时间的感知。有些考试成绩很优秀的同学来学建筑，却学得很艰苦，这在我们专业很常见，还曾有高考状元最后竟然留级或转系的。有的同学数学特别好，有很强的逻辑思维能力，但是凭空想象一个三维的物体，再画下来，对他而言却很困难。是天赋的问题吗？也许有一点吧。如果你小时候很喜欢并擅长搭积木，或者你喜欢画一些复杂场景的画，甚至你是玩 3D 游戏的空间感高手，那么或许你适合学建筑。

我们很注重"体验"二字，既有对空间和艺术的体验，也有对日常生活和人的体验。你对外部世界的感知能力越强，对做建筑设计就越有好处。当然，对美的感知能力也很重要。

优秀的建筑师常常要在 40 岁以后才产生

并非任何专业，都能与个人兴趣和工作有结合点，建筑专业偏偏是可能的。

我们常说甲方乙方，乙方是设计师，甲方是开发商或建设方。有意思的是，现在甲方对建筑专业人才的需求也很大，这方面人才甚至可说是紧俏。拥有建筑专业素养的人来当甲方，有点类似影视行业中制片人的角色，对一个项目全过程施以更专业的控制，其价值是不言而喻的。

当然，最主流的择业方向，还是建筑设计师，也就是那个乙方。具体可以是大型的国有建筑设计院、国内外各种规模的设计公司，也可以是小型的独立工作室。但有一点是相同的，即：在40 岁以前就成为一个非常优秀的建筑师，其实是很难的。因为建筑设计是一个经验和创新并重的行业，经验是基础，多年实践积累下来的经验，是每一位建筑设计师的立身之本。真的是厚积薄发，大部分建筑师要到 40 岁后才开始发力，现在世界上著名的建筑师们，百分之八十以上 50 岁后步入黄金期，最好的作品可能出现在 50 岁甚至 60 岁之后。

所以这不是一个吃青春饭的行业，干得越久，造诣越高。这一点是不是也很像医生？

我经常建议本科毕业的同学，最好再读个研究生。因为建筑学确实比较庞杂，要学的东西太多，五年本科相对来说还是略显不足的。研究生两年半很宝贵，除了继续深度学习，也是深度思考的时间。你将有时间把学到的理论性知识与经历过的设计实践结合起来，尝试着摸索出属于你自己的设计理念，思考未来的发展方向。

工学

发现自己和学习他人同等重要，学习的过程也是认识自己的过程。

建筑学的内核不会衰落

建筑是个非常古老的传统学科，中国的建筑学在近代才被赋予科学专业的命名，到现在也就一百多年的历史。但放眼世界，学科史可谓源远流长。古罗马时，恺撒部下的建筑师马可·维特鲁威（Marcus Vitruvius Pollio）就写下《建筑十书》，流传了两千多年，对今天的建筑学仍然有影响。

20 世纪 80 年代，建筑学在中国并非热门专业，大多数人和高考时的我一样，认知还停留在"建筑就是造房子"的阶段。从 90 年代开始，中国的城市建设进入迅猛发展期，建筑学也随之成为热门专业之一，很多高校新开了建筑学专业，就读的学生人数、从业人数都大大增加。但近几年，行业的增速有所放缓，建筑学专业已经不是最热门，建筑业似乎又成了"夕阳"行业。

其实，建筑业在数千年的发展过程中，一直遭遇各种的挑战，尤其是技术革命带来的挑战。中国古代建筑以木为主，传统西方建筑以石头为主材，工业革命后出现了钢筋水泥，建筑学立刻就完全不一样了。我们现在普遍使用的建筑技术，大部分诞生于过去两百年间。近十年，材料更新速度越来越快，类似 3D 打印、智能建造等新技术层出不穷。而作为一个建筑师，也经历着技术带来的变革——从针管笔手绘制图，到全面使用电脑工具，到如今的人工智能。但建筑学的内核，却从未曾变过，那就是对人造空间不懈的追求，追求人与空间的高度和谐。

所以，在我看来，不论高速增长三十年后进入相对平稳期，还是无尽的技术更新，都实属正常，类似情况早年在许多发达国家已经发生过。一时的热闹并无意义，表面辉煌中或许包含着许多庸常。增长会放缓，专业却不会没落，反而那些热爱建筑学、追求卓越、愿意沉下心来做事的人，会长久地留在行业里。

我们能做的事，还有很多很多。

工学专业学生访谈

取景框看世界

一只不像老师的小怀怀 | 工程力学

我毕业于郑州大学的工程力学专业。

工程力学专业会学习哪些内容？

力学专业的主要内容包括数学和力学分析，同时还需要借助计算机模拟辅助计算。在我的大学课程中，数学课程包括完整的微积分、概率论、线性代数、数理方法与特殊函数、复变函数与积分变换等。

此外，力学课程也包括理论力学、材料力学、弹性力学、实验力学、振动力学、流体力学、塑性力学、断裂力学以及复合材料力学等内容。

工程力学专业有什么素质技能要求吗？

如果你想从事力学专业的学习、研究或工作，首先需要具备快速适应各种计算机模拟软件的能力。因为力学分析需要使用多种不同的软件，而且不同公司和部门使用的软件也可能不同。虽然应届毕业生可能会接受对应软件的培训，但如果转到新的部门或公司，你可能需要自己适应新的软件。此外，大多数力学软件都是全英文的，甚至软件的说明书也可能是全英文的，所以需要一定的专业英语能力。

李志青 | 机械设计制造及其自动化

我的本科毕业于华中科技大学的机械设计制造及其自动化专业，研究生毕业于墨尔本大学的机电工程专业，现在供职于微创医疗器械集团，做一名研发工程师。

机械设计制造及其自动化专业的就业方向是什么？

机械专业包含许多小的就业方向，例如设计，又可以分成机构设计和结构设计。工艺工程师也是机械专业的典型就业方向之一。此外，许多企业需要理论计算和仿真等职位，这些也是机械专业中比较热门的就业方向。

从另一个角度来看，机械专业也可以在许多不同的行业中就业。例如，最典型的是车辆工程，他们可以在许多车企中找到工作。我所在的医疗器械行业也能够创造很多机械专业的就业岗位。

机械设计制造及其自动化专业的就业前景如何？

我认为机械专业的前景不能一概而论，因为不是所有的机械专业岗位都面临恶劣的环境。虽然在一些加工厂，特别是锻造车间等地方，可能需要应对较为恶劣的工作环境，但实际上我接触到的一些传统加工厂商，行情都很好。无论何时，凡是涉及设备

工学

和生产的行业都离不开机械加工，这部分工作内容是永远不会被时代淘汰的，它是所有产品的基础。

就我个人所在的行业而言，机器人是一个新兴且非常有前景的领域。除了在传统的车企加工产线上有大规模应用外，现在在市场上的其他领域也有一些大规模应用的苗头。例如医疗机器人，是机器人新兴的非常大规模应用的一个领域。

Hehe ｜ 工业设计

我本科毕业于湖南大学，研究生毕业于上海交通大学，专业背景都是工业设计，现在一家车企做交互设计的工作。

工业设计专业会学习哪些内容？

在大一至大二上半学期，学生几乎都会以学习专业基础课程为主。这些课程包括设计史、艺术史、设计概论、3D 建模、手绘图形，以及一些效果图渲染等课程。从大学的后半阶段开始，学生就会学习更加深入的专业知识。这时，学生可以根据自己的喜好选择工业设计这个专业更加细分的几个方向，去学习更加深入的内容，比如学习汽车、家具、电器等各种产品的外观造型，交互设计和视觉设计，用户研究和服务设计，还有游戏设计。

工业设计专业有什么素质技能要求吗？

工业设计是一个入门门槛较低的专业，如果你有一定的美术基础，就可以很容易地上手。即使没有这方面的基础，也不必担心，因为大一会安排学习素描和色彩这两门基础课程。同时这两门课程也是大学时期学分占比最重的两门。由此可见，绘画能力对于工业设计专业而言是非常重要的。

工业设计专业的就业方向是什么？

工业设计是一个与实际工作岗位高度对应的专业，你可以在许多领域和企业中找到适合自己的岗位。例如，在互联网企业中，你可以成为交互设计师、UI设计师、视觉设计师、产品经理或产品运营等。在一些传统的制造企业中，你可以从事设计管理、外观设计或造型设计等工作。如果你对用户研究有着较高的造诣，你可以去咨询公司或投行，从事更加深入的研究性工作，或在企业中的市场岗位上工作。通常，大部分学生会选择互联网和金融行业。这两个行业的薪酬待遇比较可观。另外，一部分同学会选择国企和制造企业，尽管他们的薪资待遇可能不如互联网行业高，但在同一企业的不同岗位中，设计岗位的工资水平还是处于中等偏上的水平。

盘子｜车辆工程

我本硕都毕业于同济大学汽车学院，现在在上海某主机厂做一名汽车研发工程师。

车辆工程专业会学习哪些内容？

车辆工程专业在大一主要学习通识课程，例如大学物理、高等数学等。大二会开始接触一些机械相关的课程，例如机械设计、机械原理、机械制图、流体学和震动学等。大三根据不同的方向，学习的课程也会有所不同。车辆工程主要分为底盘设计、汽车电子、汽车发动机、汽车实验学、空气动力学以及汽车营销等方向。我是学车辆设计的，主要学习汽车设计、汽车理论和汽车构造课程。这些课程主要讲解了汽车的构成、各个部件的工作原理，以及如何结合各个部件的工作特性来提高汽车的驾驶舒适性。

车辆工程专业的就业方向是什么？

车辆工程的就业去向主要分为以下三个领域：汽车研发、汽车生产制造和汽车服务。汽车研发包括高校的科研、汽车工程院的技术预研和技术迭代，以及主机厂的研发。汽车生产制造主要是到各大主机厂的一线生产车间进行汽车的装配，以及到汽车上下游产业链的供应商体系中工作。而汽车服务的就业去向比较多样，主要有像第三方的专业检测机构、汽车租赁、汽车出行服务、汽车维修、汽车 4S 店等。

龙喵喵要吃肉 | 材料科学与工程

我本科就读于复旦大学材料科学系，目前于复旦大学材料科学系进行卓博计划深造。

材料科学与工程专业会学习哪些内容？

材料科学可以从四个维度来描述，分别是微观、宏观、理论和实践。在理论微观方面，我们可以从物理学的电子和化学的分子开始学起，包括普通物理、近代物理、普通化学和高分子化学等基础知识。掌握了这些基础知识后，我们就可以学习一些宏观的知识，比如材料力学分析和器件的原理计算。完成了这些器件原理计算后，我们就可以将其投入实践中，比如对材料力学进行实验或进行电学器件测试。这样，我们最终就构建起了一个完整的材料科学体系。

材料科学与工程专业学习科研难度如何？

材料专业并不仅仅依赖于公式和课本的背诵，还需要有定性和定量的思维能力。这样，你不仅能够理解公式，还能了解它在特定情况下的变化趋势，从而更有效地应用到实践中。在科研项目中，我们需要有足够的创新点，并且要能将项目的突破点或整合点体现出来，以解决前人遇到的问题或超越前人。此外，自身的心理素质也是至关重要的，要能够承受实验失败和老板的压力。

刘宁 | 材料学

我本科毕业于加州大学洛杉矶分校，研究生毕业于加州大学伯克利分校，学习的都是材料学，现在就职于应用材料公司。

材料学专业的就业方向是什么？

就业方向与材料专业的分支密切相关，首先要看你所学的专业领域。材料专业可分为化学领域的聚合物、机械领域的金属材料以及半导体等新兴领域。这三种方向都有各自对口的产业。比如，如果你学的是化学领域的聚合物，可能会进入跨国化工工厂，从事3D打印和聚合物研发的相关工作。如果你学的是机械领域的金属材料，很可能会进入车企，从事新型金属和轮毂等材料的研究。如果你从事半导体方面的工作，可以加入国内的许多芯片制造厂或跨国的芯片制造设备公司。

瑞琪丨能源与动力工程

我本科毕业于南京工程学院的能源与动力工程专业，研究生毕业于同济大学的动力工程及工程热物理的方向，目前就职于上海的某一国企律所。

能源与动力工程专业会学习哪些内容？

能源动力专业主要分为三大块。通识课程方面主要包括高等数学和大学物理。其次是专业基础课程，其中包括工程热力学、传热学、机械设计基础和流体力学。在这些基础课程中，我们最常用到的是工程热力学和传热学，学习的主要内容包括热力学中的一些基本定律，如热力学第一定律、第二定律和第三定律等，同时部分内容也更加贴近我们的实际应用，例如我们需要学习汽轮机和空调等的工作原理。最后是专业选修课程，则是根据个人选择不同的领域来确定。主要的选修方向包括发电厂和制冷等领域。在某些高校，例如涉及航空领域的高校，则会设置一些关于航空发动机的研究方向。

能源与动力工程专业的就业方向是什么？

据我了解，能源动力工程专业主要有三个就业方向。

第一个方向是通信和互联网行业。例如机房热设计和手机热设计，解决手机散热过热的问题。机房热设计则是应对电商大促等活动导致机房服务器过热的情况，需要热设计的同学进行设计。

第二个方向主要针对本科生，就业方向是一些发电厂和施工单位，从事检修工作。薪资相对较低。对于研究生来说，就业方向可能会更多，可以在施工单位、设计院或地产公司等单位找到工作。

第三个方向是一些比较小众的就业方向，例如专利工程师。

愣娃 RC ｜ 电气工程及其自动化 / 自动化

我本科就读于西北工业大学电气工程专业，现在是上海交通大学自动化系三年级的直博生。

电气工程及其自动化 / 自动化专业会学习哪些内容？

首先需要说明的是，电类专业在中国才有诸如电气工程自动化这样详细的划分。在国外，这些专业可能会被统称为电气电子，即 Electrics and Electronics。

从课程内容来看，电气工程自动化是与电力相关的工科专业，其数学基础课程和专业基础课程的内容有 80% 以上是相同或相似的。因此，同学们大一和大二的课程内容是非常相似的。

数学方面，主要包括高等数学、线性代数、概率论与数理统计、复变函数等。

专业基础课程包括电路基础、自动控制原理、数字电路基础、模拟电路基础等。这些课程所对应的主要高中科目是物理，更细分一些是电学。化学方面的知识在这两个专业中涉及比较少，除非是某些研究领域，例如电气工程中的高压绝缘材料。然

工学

而，这些研究方向通常需要在研究生阶段才会有所涉及。

Alex ｜电气工程及其自动化 / 自动化

我毕业于北京航空航天大学的自动化专业，研究生毕业于英国纽卡斯尔大学的机械工程专业，毕业后以培训生的身份加入了瑞士 ABB 集团机器人事业部，又以项目经理的身份加入了施耐德电气低压事业部。

电气工程及其自动化 / 自动化专业的就业方向是什么？

在电气工程及其自动化领域，一般会分为几个学科，如电力系统及其自动化、电机与电气、电力电子等。对于本科生而言，建议只关注一级学科，因为招聘企业更关注大方向。对于研究生或博士生而言，招聘方会更加关注二级学科。

从发电到电的应用方面来看，就业去向首先是新能源电厂，如风电、水电、太阳能等。其次是传输过程行业，如高压电网、特高压电网等。再次是电能储存行业，如储能电站、新能源电池、磷酸铁锂电池、三元锂电池等。最后是电能的应用行业，包括电气产品、电气设备，以及工厂中需要使用电能的设备等。

从企业的性质来看，首先是国企，如国家电网、南方电网、上海电气等。其次是外企，如美国通用电气公司、瑞士 ABB 集团、施耐德电气、西门子等。最后是私企，如华为、宁德时代、正泰电器等。

小顾 | 电子信息工程

我本科和硕士都毕业于复旦大学电子工程系，现在在互联网公司担任算法工程师。

电子信息工程专业会学习哪些内容？

电子工程系是一个交叉性比较强的学科，主要注重软硬件的结合。在基础课程方面，学生需要学习模拟电路、数字电路、信号系统、数字信号处理等基础课程。在高级课程方面，学生会学习微机原理、计算机体系结构等偏向硬件的课程。除了硬件，学生还需要学习一些编程语言，如 C 语言、C++ 等。

和大多数理工科专业一样，电子工程系要求学生具备较强的逻辑思维能力。由于电子工程系涉及很多硬件专业课程，本科阶段会有很多实验课，所以需要具备较好的动手能力。

总体而言，本科学习的难度中等偏上，因为电子工程系的学习内容比较多、比较杂。

电子信息工程专业的就业方向是什么？

以我的同学为例，电工的就业方向非常广泛。主要可能集中在一些像互联网行业的算法岗位、测试岗位和开发岗位，以及传统的一些硬件企业，比如华为、中兴、英伟达等硬件开发公司，还包括其他的一些通信领域的公司。除了传统的技术类岗位之外，还会有人去从事电子方向的咨询和电子行业研究等工作。

电子工程专业的主要就业方向还是一些技术类岗位，技术类岗位的未来就业前景可以说是一片光明。专业对口的行业内岗位数量特别多，需求量也非常大。但所面临的竞争也是非常激烈

工学

的。一方面，报考相关热门专业的学生越来越多；另一方面，整个领域的发展是非常迅速的。如果你不进行持续的自我学习和自我提升，可能很快就会被淘汰。

CodeSheep ｜通信工程

我研究生毕业于华中科技大学信息与通信工程专业，现在是一名互联网从业者。

通信工程专业会学习哪些内容？

通信专业是一个典型的工科专业，具有一定的交叉性。它既涉及通信本领域的东西，如信号、通信无线等，也有很多课程和电子自动化、计算机等专业有重合。我们可以将其归纳为四个大方面，下面我们挑选一些重点进行介绍。

第一个方面是基础性课程，包括高等数学、线性代数、概率论、数理统计、大学物理和大学英语等。

第二个方面是通信专业性课程，包括经典的信息论、通信原理、电磁场与电磁波、微波技术、信号与系统、数字信号处理等。

第三个方面是硬件相关的课程，包括电路原理、模拟电路、数字电路、微机原理、单片机等。

第四个方面是软件相关的课程，包括编程语言、数据结构和算法、操作系统、计算机网络、数据库等。

通信工程专业的就业方向是什么？

通信专业的就业方向相当广泛。在大方向上，有从事科研和研究的人员，有从事技术开发的人员，有从事技术优化测试和维护的人员，甚至还有从事通信类的销售和服务的人员等。

从就业公司类型来看，可以将其分为几个典型的方向，比如各种通信设备商、各大通信运营商、各种各样的互联网公司，以及其他一些涉及 ICT 技术和维护的公司，甚至包括一些高校、研究所、设计院等。虽然很多学通信的人最终都成为了程序员，但这也是一个很典型的就业方向。如果有意向转向互联网或成为程序员，可以认真学习包括前端开发、Java 后端开发、C/C++ 后台开发、大数据开发、嵌入式开发等方向的技术知识。

通信作为一个与日常生活和现代科技发展息息相关的专业，深刻影响着各个产业的业态和模式。从传统的广播、电视、电话，到现如今发展如此繁荣的互联网、移动互联网、大数据、云计算、物联网，甚至到人工智能、虚拟现实、万物互联、量子通信等等，这些都与通信相关。只要你在某一方面有兴趣、有技术、有能力，那么前景就是很不错的。

从具体的学习层面来看，虽然通信涉及的内容很广泛，但是如果我们换一种思路去思考，它其实也是一种优势，因为它给了你更多的选择可能性。

涛涛｜微电子科学与工程

我本科就读于复旦大学微电子学院，之后攻读了哥伦比亚大学电子工程硕士学位。

微电子科学与工程专业会学习哪些内容？

微电子专业和其他电子工程大类在基础课程方面相似，包括数学、物理和英语。微电子专业课程内容围绕集成电路展开，包括集成电路设计、芯片生产原理以及如何使用不同的器件生产电路。电子工程课程内容根据具体的发展方向分为设计、工艺和器件，可以通俗地理解为集成电路的设计、芯片的生产原理和使用不同器件生产电路。辅助性课程与其他学科有一定的交叉，包括计算机方向的程序设计和计算机体系结构，电子工程方向的信号与系统以及数字信号处理，以及硬件开发方面的嵌入式相关知识。这些内容称之为辅助课程，不专属于微电子专业，也有一些是选修课。但这并不意味着它们不重要，相反，如果你不想从事微电子专业工作，也可以以此为跳板学习其他领域相关知识。

微电子科学与工程专业有什么素质技能要求吗？

首先，关于英文要求，尽管在学习初期会有很多翻译教材，但随着学习的深入，产品手册和教材都是英文的，因此必须有一定的英文水平才能理解。

其次，编程能力也是必要的，虽然微电子专业偏向于硬件开发，但是许多工作需要编写代码，特别是在专用集成电路领域。在这些领域中，许多工作需要使用 FPGA 进行编程模拟。

最后，实践和动手能力也很重要。在学校中，有许多课程需要学生亲自搭建电路。在专业课程中，也有许多使用软件进行电路设计、仿真验证的环节，需要动手实践。

慧子｜微电子科学与工程

我本科毕业于复旦大学微电子学系，研究生毕业于复旦大学集成电路工程专业，现在在微软做 Escalation Support Engineer（升级支持工程师）。

微电子科学与工程专业的就业方向是什么？

微电子专业的大部分同学都从事电路设计或 IT 方向的工作，比如做工程师。微电子专业分为工艺和设计两个方向，设计方向还分为许多小领域，如 EDA 设计和电路设计等。不管是做哪个方向，大多数同学最后都会选择去 IT 或电子类企业找工作，尤其是成为编程人员，因为市场对编程人员的需求量很大，供不应求。

小钻峰｜光电信息科学与工程

我本科就读于南京邮电大学光电信息科学与工程，硕士毕业于北京工业大学光学工程专业，现在是北京工业大学光学工程在读博士。

光电信息科学与工程专业会学习哪些内容？

由于我的本科院校是一所通信类的学校，因此在大一和大二时，与通信工程专业的同学们学习的基础课程基本相同，包括数学、物理、英语和编程等。直到大三和大四，我们才开始学习一些专业课程，如应用光学、物理光学、光电信息物理基础、光纤通信、光通信网络和光电器件等。

对于刚刚参加高考的同学，想要学习光学工程，数学和物理至少要有一定的学习基础，不能轻易放弃。对于那些想要考研并选择光学工程专业的同学来说，除了必要的英语能力、数学能力和文献阅读能力之外，我认为在本科阶段最重要的是独立完成实验的能力。本科实验的规模大小不一，从设计实验到完成实验再到撰写报告，整个过程中涉及很多细节，因此只有通过多次训练才能够提高自己的综合实验能力。

光电信息科学与工程专业的就业方向是什么？

我的本科同学大多就职于手机运营商、手机制造商和互联网企业。而硕博毕业后的就业方向则主要与自己的研究方向有关，光学工程的就业方向主要分为光的产生、光的传输和光的应用三个方向。

在光的产生方向，一些激光器制造和销售企业是主要的就业机会。光的传输需要介质进行传输，因此光纤制造和销售企业是相关的就业机会。此外，传输时需要对信号进行处理，因此也可以考虑光纤通信的相关企业。

光学的应用方向，主要分为科研和企业两个方向。在企业方向中，可以寻找与成像或元器件加工相关的企业。而在科研方向中，则可以寻找高校或研究所等机构。

晨然｜计算机科学与技术

我就读于复旦大学计算机专业。

计算机科学与技术专业会学习哪些内容？

计算机专业可以分为硬件和软件方面。在硬件方面，我们学习计算机底层的硬件知识，例如计算机基础、计算机组成原理和体系结构等。这些课程介绍了计算机的构成和由哪些指令或编程语言组成。此外，还会涉及更加底层的硬件相关内容，这也是与软件工程专业的一个区别。

在软件方面，我们学习编程语言，例如 C/C++ 和 Python 等常用语言，这些语言是用来实现软件的工具。我们会用它们去编写体系架构、网页和软件等。同时，我们也会学习算法的知识，这是实现一些复杂功能的必要技能。另外，数学也是计算机专业的基础课程之一，包括高数、离散数学和概率论等。这些数理知识在计算机领域非常重要，是我们学习过程中不可或缺的部分。

计算机科学与技术专业学习科研难度如何？

在我看来，学习计算机领域的基础是由项目实践和理论知识两部分构成的。在学习理论知识的同时，也需要边学边实践项目。例如学习网页前后端开发，可能需要在一个学期中完成网页的迭代开发，比如要实现一个自然语言处理的算法，可能需要完成两到三个小项目，如语义分割或语句翻译等。因此，在理论和实践之间不断转换，是计算机学习的一个交叉过程。这个过程中，需要掌握如何使用所学的知识和编程语言去实现，这也是计算机领域最难但最有成就感的一点。

因为计算机有很多方向，选择具体的方向是很重要的，比如应用开发、算法开发等。如果你是应用开发方向的话，可以直接就业。但如果你想从事算法开发等前沿领域，那么读研究生是必要的，因为这些领域需要更多的理论知识和研究。

工学

小周｜计算机科学与技术

我本科毕业于复旦大学计算机学院，现在上海某互联网企业做程序员。

对计算机专业在读生有什么建议？

我有三个建议。

第一，我建议大家尽早找到自己喜欢的方向并深入研究。在计算机领域，广而不精是一个忌讳。面试官通常会问一些深刻的问题，如果你对各个方面都只有皮毛的了解，那会让你处于劣势。

第二，我建议大家学好英语。在现在的互联网世界中，大部分一手技术资料都是英文的。如果你具备良好的英语水平，就能及时阅读这些一手技术资料。

第三，我认为每个计算机专业的学生都应该尽早实习。实习有很多好处。首先，互联网公司对实习生的要求通常比对正式员工的要求低一些，所以进入大公司实习会比较容易。其次，在实习期间你有三个月的时间来表现自己，这比正常校招进入公司更容易。如果你在实习期间表现良好，有可能转正。最后，如果你在大学期间有多次实习经历，这对你未来找工作也会是一块很好的敲门砖。

计算机科学与技术专业的就业方向是什么？

从企业性质来看，当前几乎所有企业都需要计算机相关人才。主流是互联网公司，其次是传统软件和传统行业中的计算机支持部门，如银行的后端计算机处理部门等。按岗位划分，常见的有开发、运维、测试和产品经理。开发又可以分为前端和后端。

霜晗｜软件工程

我就读于复旦大学软件工程系。

软件工程专业会学习哪些内容？

在软件工程专业的学习中，前两年我们会学习基础的数学和物理学，专业上会侧重编程语言，如 Java、C++ 和网页开发中常用的语言。除此之外，还需要学习计算机系统、数据结构与算法和软件工程等课程。

后两年，我们学校的学习方向分为三个方向，第一个方向包括软件测试、数据库和智能系统；第二个方向包括数字部件设计和操作系统；第三个方向包括计算机图形学和多媒体。不论哪个方向，都涉及计算机网络相关的课程。

小苏｜软件工程

我本科就读于西北工业大学软件与微电子学院，硕士毕业于上海交通大学软件学院，目前在一家国内的互联网企业从事算法的工作。

软件工程专业的就业方向是什么？

软件工程是一个相对较新的计算机和计算机科学的分支，更侧重于工程和应用。虽然计算机的从业方向包括硬件和网络管理，但现在大多数计算机专业的人从事的是软件开发方面的工作，这和软件工程的方向比较相似。

工学

软件工程和计算机专业的区别在哪？

软件工程是计算机的一个细分支，偏向工程和应用方向。在本科期间，学生通常会学习许多软件实践课程，并进行互联网企业或其他企业的实习，这些都算作学分。相比于计算机专业，软件工程专业对就业非常有利。此外，据我所知，大部分高校的高考和考研分数线都是计算机专业稍高，因此软件工程专业的性价比相对较高。如果你对自己未来要从事硬件或软件、科研或实践还不是很清楚，建议报考计算机科学。如果你对软件开发非常感兴趣并希望从事相关工作，建议直接报考软件工程。

Franklin ｜ 土木工程

我本科和硕士就读于同济大学土木工程学院建筑工程系，后入职房地产企业成为一名管培生。

土木工程专业会学习哪些内容？

土木工程专业在我们学院分为建筑工程系、地下建筑与工程系、桥梁工程系、结构防灾减灾工程系以及水利工程系。这些不同的方向解决不同的问题。建筑工程系主要解决如何盖房子的问题，包括住宅、厂房、大跨度的体育馆以及超高层建筑。地下建筑与工程系主要解决如何利用城市地下空间，包括地铁隧道、城市管廊、地基基础等。结构防灾减灾工程系主要解决建筑物如何抵抗灾害的问题，包括建筑物抗震、减震、抗爆、抗火等问题。水利工程系解决如何建设水利设施的问题，包括港口建设，近海、海岸工程等。

我本科所在的工科实验班前两年主要学习理工类的通识课程，包括高等数学、大学物理、普通化学、大学计算机等。第二至第三年，我们主要学习结构力学、混凝土、钢结构基本原理、建筑结构抗震、建筑结构施工等专业课程。第三至第四年，根据不同的专业划分，所学课程也略有差异。

土木工程专业有什么素质技能要求吗？

土木工程专业的技能素质要求包括以下方面：

首先，必须具备一定的数理基础。土木工程的结构设计原理涉及数学、物理的相关数理知识，因此必须具备扎实的数理基础。

其次，需要具备计算和绘图能力。在结构设计过程中，需要进行结构计算，并将计算结果呈现在图纸上。

第三，需要掌握不同结构的设计原理。不同结构的设计原理有所差异，需要进行相关学习。

最后，还需要具备工程实践能力。也就是说，必须将图纸上的设计实际建造出来。这需要有丰富的工程实践经验和技能。

总之，土木工程专业的学生需要掌握多方面的技能，才能够胜任结构从 0 到 1 实现的过程。

土木工程和建筑的区别？

如果将建筑物比作人，那土木专业就是解决人的骨架问题，而建筑专业就是解决人的衣着外表问题。

工学

芙芙家的洗碗君｜土木工程

我毕业于浙江大学土木工程专业，现在房地产行业从事投资的相关工作。

土木工程专业的就业方向是什么？

土木工程专业的未来就业方向主要包括房地产企业、设计院和施工单位三个方向。

对于房地产行业，主要职位包括工程管理、招标和成本采购，还有一些投资相关的岗位。一般要求985或211高校的研究生及以上学历，面试条件比较苛刻。

设计院主要需要985或211高校的研究生，工作内容主要是画图。设计院分为大院和小院，小院的学历要求相对较低。

施工单位对学历的要求相对宽松，包括研究生、普通本科生或者985/211的本科生都可以进入，工作内容主要是负责一线的施工管理。施工单位比较好的大型央企，如中国建筑集团、中国中铁股份有限公司和中国交通建设股份有限公司等。

如何看待现在大规模劝退报考土木工程的现象？

我认为劝退现象可以从几个角度来分析。

首先，工作强度是一个重要的因素。无论是在房地产、设计院还是施工单位，工作强度都相对较大。特别是施工单位，需要在一线工地工作，身体压力更大一些。此外，相比于房地产行业，施工单位的收入待遇可能不够高，这也会导致一定的劝退现象。

其次，工作环境也是一个重要的考虑因素，尤其是施工单位都是一线工地，工作环境相对较差。

最后，稳定性也是一个重要的因素。对于施工单位来说，需要跟着项目去不同的地方、不同的工地工作，这对个人和生活的稳定性都有一定的影响。对于房地产行业来说，由于需要根据不同的项目和公司在不同的城市进行调动，也存在一定的稳定性问题。

学过石油的语文老师｜石油工程

我毕业于中国石油大学（北京）石油工程专业，还真去新疆克拉玛依采油厂实习过几个月，之后我就毅然决然地转行，现在是一名教育培训机构的高中语文老师。

石油工程专业会学习哪些内容？

我们学校属于石油专业院校。有的学院是研究哪里有石油，发现了画个圈儿，这叫地质勘探。有的学院是在这圈儿里，把石油从地底下给挖出来，这叫石油工程。挖出来之后，这油不能就在这儿放着，它得运到别的地方去或者给储存起来，这叫油气储运。这油还得提炼加工，这叫化学工程。最后你还得卖，那就是我们学校的工商管理。你看，这是一个完整的从上游到下游的产业链。

因为我学的是石油工程，所以我主要说说这一部分需要学习哪些知识。挖地，你首先得了解地，所以地质是我们必学的，像岩石力学研究，这种石头怎么挖，那种石头怎么挖，这也是需要学的。除了这些内容之外，你也得掌握一些基础的化学常识，因为你越往深了挖，想把土运上来，光靠水冲不行，得靠一些化学试剂，把土通过循环给运上来，所以化学也是必不可少的。除了这些之外，流体力学、油层物理、岩石力学都是必学的。

总结起来，意简言赅，就是数学、物理和化学。

石油工程专业有什么素质技能要求吗？

需要你掌握的一个技能是，把现场复杂的工程环境用物理知识、数学知识给抽象成一个简单的模型。有点类似于疯狂的动物园管理员，他要让鸡把脚抬起来，兔子把脚抬起来，就是把复杂的生活化的问题、工程化的问题给抽象成某一种模型。鸡兔同笼模型抽象完之后，你再用自己的数学和物理知识，甚至化学知识简化成一个公式。公式提炼完之后，你需要动手做实验，来验证这个公式各个参数之间的关系。

石油工程专业的就业方向是什么？

第一种是去现场当工程师，然后不断晋升至技术员、技术管理科科长等职位。这种岗位主要在央企和国企，例如石油行业排名前三的就是三桶油：中石油、中石化和中海油。

第二种是去研究所，这种岗位更加偏向于理论研究，而不太偏向于现场工程实践。例如研究如何挖掘和提炼石油等。

第三种是去国外读书或者在本校读博，然后继续留校当老师。

除此之外，还有一些人去专利局，主要负责石油相关专利的申请。另外，也有少部分人去石油销售公司，主要负责销售石油相关器材，如钻杆、钻头和钻机等。不过，这些岗位相对较少。总的来说，石油行业的从业者主要分为以上三种就业途径。

有人会问，石油快要枯竭了，石油行业是不是就不景气了？实际上，石油行业的就业前景与石油储量并没有绝对必然的联系。石器时代的结束不是因为世界上没有石头了，同样，石油时代的结束也不是因为世界上没有石油了，而是因为新的替代品出现了。现在，新能源正在日新月异地发展。政策上，无论是美国、中国还是欧洲，都在不断地扶持新能源的发展。石油行业不可避免地成为一个夕阳行业。当然，这种看法仅限于我个人观点。

小 D ｜环境科学

我目前就读于复旦大学环境科学与工程系，之后也会在城市规划与管理以及环境经济学方向读研。

环境科学专业会学习哪些内容？

复旦大学的环境学科涵盖了环境科学、环境工程和环境管理三个方向。其中，环境科学主要从实验室角度研究新近的反应来解决环境问题；环境工程则致力于设计相关设备；环境管理则主要通过与政府政策的分析相结合，从宏观角度来解决环境问题。

环境学科的学习难度并不大，虽然它所涉及的范围比较广，需要学习的课程也比较多。本科环境专业的课程设置一般偏基础和通识类型。相对于物理、化学等其他学科来说，环境研究的科研难度并不高。

邱伟迪｜环境科学

我本科毕业于复旦大学环境科学专业，目前在环境检测

工学

行业从业了 7 年。

环境科学专业的就业方向是什么？

目前，环境专业的就业方向主要分为两类。第一类是到生产企业从事 EHS[1] 相关工作；第二类就是像我们现在从事的第三方工作，包括检测、咨询和工程服务等。

环境科学专业的就业前景如何？

总的来说，环境行业未来的发展趋势仍将呈上升态势。环境行业非常依赖政策红利，近年来，政策、法律法规、技术导则等的出台，不断推动环境行业良性发展。目前比较热门的岗位包括已经比较成熟的环境评价工程师以及后续新增的碳核算师或其他咨询方向的热门岗位。碳达峰和碳中和也是未来热门的环保概念，将衍生出更多相关的岗位和工作机会。

Bea｜生物工程

我本科毕业于华东理工大学生物工程专业，博士毕业于复旦大学微生物学专业，目前在一家生物制药企业从事工艺开发工作。

1　EHS 是 Environment、Health、Safety（环境、健康和安全）的缩写。在工业生产中，EHS 通常指企业的环境保护、健康和安全管理体系。EHS 管理涉及环境保护、职业健康和安全、应急预案等方面，旨在确保企业的生产活动不会对员工和环境造成危害。EHS 管理已成为现代企业必备的一项重要管理工具。

生物工程专业会学习哪些内容？

生物工程是一门综合性的工科专业，需要学习生物学、工程设计以及生物制品生产工艺相关的知识。在本科阶段，首先需要学好基础课程，包括高等数学、大学物理、有机化学、无机化学、分化物化等。接下来，需要学习化工原理、发酵工程、工艺过程和微生物学等，以掌握如何应用生物技术进行大规模工业化生产生物制品。这也是生物工程和生命科学、生物技术的主要区别所在。

生物工程专业的就业方向是什么？

生物工程专业的对口就业方向主要有两个。第一个是生产方向，可以进入传统食品行业，如面包、酿酒、制酱、制醋等，以及微生物发酵类企业，如生产抗生素类药物、分子酶等。此外，还可以从事生物制药生产相关的工作，这些工作的就业门槛相对较低，适用于各种院校及培养层次的毕业生。第二种是研究方向，包括科研、生物试剂的研发以及医疗器械的研发。但这些工作对院校和学历的要求更高一些。薪资待遇处于中等水平，但从事研发工作比一线生产的薪资相对高一些。

个人认为，生物工程专业的就业前景很好。目前，生物医药仍然是资本投资的热点，这也推动了整个生物领域的发展，越来越多的生物企业涌现。我相信，在不久的将来，我国将围绕生物制药、医疗诊断、医疗器械形成一整条完整的产业链，这将为生物工程专业毕业生提供更多的就业机会。

工学

加加夕 e | 食品科学与工程

我本科毕业于中国农业大学食品科学与工程专业，现在是美丽中国支教项目的一名支教老师。

食品科学与工程专业会学习哪些内容？

食品专业前两年的学习，主要是一些基础学科，如数学、物理和化学。化学是其中学习内容最多的学科，包括普通化学、基础化学、分析化学、有机化学、无机化学、物理化学、生物化学和食品化学。

大三的专业课程，你可以选择自己喜欢的方向，如果蔬、乳品、肉类、水产、粮油、营养和微生物发酵等。比如从一粒麦子是怎么脱壳的，一直到它进了膨化机是怎么膨化的，去学习这其中的物理数学模型，以及各种食品机械是怎么工作的、食品工厂是怎么设计的。我记得我们有一门特别有意思的必修课是学习制冷的原理，还要去设计冷库。所以也会学习一些制图的基础，但是没有学 CAD（计算机辅助设计），学的是 Solidworks。

在本科阶段，实验占比最重，所以具备做实验的技能非常重要。要注意不能手残，并且需要有耐心，因为实验通常需要很长时间才能得到结果。有时候即使做了很久，也不一定能得到预期的结果。有些实验还非常困难，比如做细胞培养就非常费劲，还可能将它们培养死了，对很多同学来说可能比自己死了还要伤心。

食品科学与工程专业的就业方向是什么？

食品行业的就业方向主要分为科研和企业就业。从事科研的人可以选择出国留学深造，然后回国进高校做老师，或者进入食品公司或检测机构的研究所工作。在食品企业里，比较知名的有中粮、玛氏、雀巢等。进入这些企业可以从事食品的研发或质量监测，还可以进入食品药品监督管理局等机构专门从事安全质量检测的工作。

食品科学与工程专业的就业前景如何？

上学的时候老师就跟我们说，食品行业是一个朝阳行业，一直朝阳了很多年。也总有人说民以食为天，无论哪个行业倒了，食品行业都不会倒。我觉得其实这是一个比较稳定的行业，未来的变化可能不会太大。

我记得我毕业那年的情况大概就是，专业前十里面一大半的人都转专业了。但其实每个专业都会有一大堆人劝退。我是觉得大部分专业都差不多，学着累挣得也不多，真正工作以后可能看的还是个人能力。

对于大多数普通人来说，我觉得其实食品专业就是一个比较中规中矩的专业，不是那么热门，但也绝对不冷门。

最后还想唠叨的一点就是在这个行业工作，一定要守住道德底线。刚上大学那会儿，老师就告诉我们，很多人都说中国的食品安全有严重的问题，但其实从专业上来说，这并不是技术上的问题，而仅仅是一个人良心的问题。一起三聚氰胺事件不仅伤天害理，也让中国的奶业十几年都没有恢复起来。另一方面也是希望大家能够给这个行业更多的信心，给科学而非部分媒体更多的信心。

建筑生阿高 | 建筑学

我硕士毕业于华南理工大学建筑学，目前是一名建筑师。

建筑学专业会学习哪些内容？

简单粗暴地说，建筑学可以用物理、设计、美术和历史的组合来类比。

物理方面，建筑学涉及建筑物理、建筑力学、建筑结构、建筑材料和构造等方面。

设计是建筑学最重要的课程，一个学期通常会有两个设计课程，如住宅设计、旅馆设计、博物馆设计等。除了大型设计项目外，大部分课程都需要以图纸的形式提交。这种方式的好处是，考试的数量相比其他专业要少得多。

美术方面，在早期的学习中，你需要学习素描、水彩、钢笔画和水粉画等艺术课程。在后期，你需要学习电脑建模软件，例如 SketchUp 和 Rhino，以及绘图软件，如 CAD 和 PS 等各种与设计相关的软件。

历史也是很重要的，因为没有回顾过去的经验，就很难创造出新的东西。建筑历史有两个主要方向，一个是中国建筑史，另一个是外国建筑史。

建筑学专业有什么技能素质要求吗？

我认为建筑学最重要的素质或技能之一是健康的体魄。这并不是开玩笑，因为建筑学是一门辛苦的专业。当你报考建筑学进入大学后，你经常会看到建筑系的楼常常很晚还灯火通明。设计没有标准答案，你做的设计交给老师后，老师会提出修改意见，你需要不断修改，这个过程会花费很多时间。

除了强健的体魄外，我认为建筑学是一门理性和感性相结合的学科。如果你具备强大的理性思维和逻辑能力，你的设计推导过程就会更有说服力，这非常有利。此外，你需要拥有良好的审美能力，或者至少愿意追求审美。在学习建筑学之后，老师也会经常鼓励你去看展览，欣赏艺术，观看电影等，从各个方面提高你对艺术的敏感度，从而帮助你更好地把握建筑设计和审美。

王硕洋 | 建筑学

我本科是同济大学城市与建筑规划学院的，研究生在加州大学洛杉矶分校，毕业以后就在纽约工作，2016年年底我回到上海，现在是一名职业建筑师。

建筑学专业的就业方向是什么？

首先，建筑师是一个比较传统的职业方向。其次，还有景观师、城市规划师等设计师的就业岗位。除了这些，还有一些政府方向上的路径，比如规划部门或者审批部门。此外，还有一些与艺术设计相关的行业，比如摄影师和平面设计师等。

实际上，建筑师这个行业相对来说还是适应性比较强的，因为他们学习的东西比较综合，技能也比较综合。关于薪酬水平，如果是绝对的薪酬水平，建筑师、建筑城市设计或者是景观师在所有行业中的薪酬水平应该处于中等偏上。但是，建筑师这个职业或者说设计师这个行业比较大的问题是会有一些加班，可能落实到每一个小时的薪水上面并不是行内最高的。

因此，我建议你只有在有兴趣的前提下才考虑学建筑。如果只是出于纯粹的经济利益考虑，其实有很多更好的职业选择。

工学

摄影师泰罗｜城乡规划

我的专业是城市规划，本科就读于华南理工大学，硕士就读于同济大学。

城市规划专业会学习哪些内容？

城市规划的学习可以大致分为两类，一类是以设计为主，以建筑老八校[1]为首隶属于建筑学院，另一类则偏向于地理方面的学习，比如中山大学。我今天分享的主要是偏向于前者的。

当我刚上大学时，对这个专业的第一印象就是它非常有趣，因为它的学习内容和高中完全不同，涉及构成、美术和历史等方面。可以说，这是最不像工科的工科专业了。主要的功课就是设计和画图。在一年级时，我们做平面构成、立体构成、空间构成、美术等美学基础训练。从二年级开始，我们就开始做设计，由小到大做别墅、博物馆，再到居住区设计和城市设计等。教室里每人有一张大桌子，每到交图前，就会像一个大 Party 一样吵吵闹闹，非常有趣。但后来慢慢发现，我们熬夜和通宵仿佛比其他学院多很多，我们专业所在的 27 号楼也被称为华工不夜城。

城乡规划专业的就业方向是什么？

城市规划专业的就业方向主要是设计院，其次是房地产公司的设计岗和投资岗，还可以选择小型的建筑事务所或者咨询公司，例如戴德梁行。求职时，老八校出身和硕士学位是最重要的敲门

1　"建筑老八校"是指中国的八所著名建筑学院，它们分别是清华大学、同济大学、华南理工大学、西南交通大学、东南大学、哈尔滨工业大学、南京大学和天津大学。

砖，扎实的实习经历也尤为重要。

这个专业与城市化进展高度相关。前二十年城市建设的需求大增，因此这个专业异常热门。随着城市化进程的放缓，这个行业进入了平台期，开始出现内卷现象，怨声载道。虽然不再像过去那样欣欣向荣，但与其他行业相比，行业的需求量依然不少，找到稳定的工作并不难。

小亿兜兜 | 风景园林

我本硕毕业于农林院校，现在就读于同济大学景观系，是风景园林学的在读博士。

风景园林专业会学习哪些内容？

当谈到风景园林专业时，可以说它是处理人与自然之间关系的过程。具体而言，该专业旨在营造和规划室外的绿化和自然环境，使人们能够享受自然的美妙。

值得注意的是，风景园林专业存在于农林院校和工科院校两种不同类型的学府。农林院校起初是从林业和农业出发发展而来，注重植物配置和生态建设等方面；而工科院校则是从建筑学和城市规划等领域发展而来，更注重培养学生的空间构建能力和空间感知能力。因此，风景园林专业的研究内容和培养方向也有所不同。

风景园林专业主要涉及规划设计，需要将想法表现在纸上或电脑上制图。传统的绘图需要美术技能，而现在多数使用电脑制图，但在美学方面仍需要基本素质。其他技能和素质可以在大学课程中掌握。

工
学

风景园林专业的就业方向是什么？

风景园林专业的毕业生可以有两种不同的就业方向。一种是进入政府部门，例如园林处、绿化局、自然资源规划局等。另一种是进入设计公司，如园林设计公司、建筑类设计院、规划院等。

9

农学

植物生产类　自然保护与环境生态类　动物生产类

动物医学类　林学类　水产类　草学类

我在新疆保护野生动物

初雯雯（北京林业大学野生动植物保护专业博士）

我是初雯雯，2017 年从北京林业大学野生动植物保护专业毕业后，就回到家乡阿勒泰参与阿尔泰山的野生动物救助和保护工作，重点开展了我国一级保护动物蒙新河狸的保护工作。

河狸，不是活在表情包里那个啊啊大叫的旱獭；也不是那个经常躺在水面上，喜欢拉手、揉脸、砸贝壳的海獭；更不是那个性格佛系，好像和全世界都能和谐相处的水豚。这种以树枝和芦苇为食，会修建水坝的可爱小动物，是比大熊猫还稀少的国家一级重点保护动物，蒙新河狸也是中国现存的唯一一种河狸，由于它们只生活在蒙古国境内和我国新疆青河县境内，所以被叫作"蒙新河狸"。

通过我们团队组织的"河狸食堂""河狸方舟"等公益项目，越来越多的人关注到了蒙新河狸，自此蒙新河狸种群数量稳定增长，也有人叫我"河狸公主"。

你是什么时候开始关注蒙新河狸的呢？

我的家乡在新疆阿勒泰地区，这里具有非常好的自然生态条件，是我国重要的生物多样性代表地区。这里的孩子们经常能够看到可爱的野生动物，河狸则是阿尔泰山最独特的精灵。从小我就对美丽的阿尔泰山充满了向往，可以说，我就是和河狸们一起长大的，从小看了太多它们有意思的地方，就想把这份有趣留住。研究生毕业后，我就回来创办了阿勒泰地区自然保护协会。

像你这样的年轻一代，在参与自然保护方面，有什么新思路和优势吗？

我觉得这个问题可以分三方面来回答：一是有和父辈们年轻时一样的热情和冲劲，同时我们还传承了他们几十年来的研究方法、试错经验、科研数据，站在了他们肩膀上，使我们有机会更专业、更高效率地开展工作；二是我们是和互联网一起成长的一代人，拥有更先进的传播条件、社群工具、科研设备，我们更容易凝聚更多人的力量参与到自然保护工作中来；三是我们幸运地成长在国家大力推动生态保护工作的新时代里，政府的支持、媒体的参与、公众自然保护意识的提升都是我们工作的基础。

这三点让我们可以探索更多的工作模式，例如我们在互联网发起的"河狸食堂""河狸守护者"等公益项目，得到超过一百万名网友的参与，以及各级林业主管部门及当地政府和媒体的支持。

相比于小时候的野外实践，大学的专业学习有什么不同之处吗？

大学期间的学习，尤其硕士、博士阶段是让人进入专业领域并形成研究成果的一个阶段。例如我们的专业课有多个分类的生

农学

物学和野生动物学、植物学、生态学等，过去我只知道自然保护工作过程中哪些事能做哪些不能。但现在我已经开始明白，为什么制定了这些规定，它们背后的科学逻辑是怎样的，甚至在自己的工作中尝试更多的创新，思考有没有可能进一步完善前辈们的研究成果，我觉得专业学习让我们拥有了继往开来的能力。

大学毕业，面对就业方向的选择，有没有过动摇？

我从北京林业大学硕士毕业之后，像所有年轻人一样思考自己的未来，应该选择怎样的一条路？同学们大多留在了北京，有的考了公务员，有的进了研究机构，还有的去了大企业。我当时心情十分复杂，究竟是留在北京的写字楼里工作，还是回到新疆的大自然里，继续自己做职业自然保护工作者的梦想？城市的繁荣舒适和大山里的简单纯粹，应该选择怎样的生活，让我陷入了纠结。

毕业后我出版了《初瞳：我和我的野生动物朋友》，这本书很多人喜欢，甚至还拿了中国自然好书奖的原创大奖。但是我发现很难去回答大众经常问我的一个问题，普通人能做些什么？

我发现自己关于开心的所有想象，都寄托在好几千公里之外我的野生动物们身上，如果此生不能与它们在一起，我是不会感到快乐的。2018 年，我辞掉了北京的工作，回到阿勒泰，和两个小伙伴创立了阿勒泰地区自然保护协会。愿望是美好的，可在落地时就遇到了问题。

一开始就会面对什么样的问题？

我面临的第一个困惑，就是阿勒泰地区这么大，野生动物这么多，我应该从哪个方面入手呢？思来想去，我和几位同学一起找到了阿勒泰地委行署，在这里找到了答案。在地委行署的支持下，我们于2018年9月成立了阿勒泰地区自然保护协会，以阿勒泰特有的蒙新河狸保护工作为主要工作内容。

通过调查我们发现，天然栖息地不足是影响蒙新河狸种群发展的最重要原因。因此，我们决定通过大面积恢复蒙新河狸栖息地灌木植被群落的方式，来为蒙新河狸创造更多的栖息地。

起初，我们希望能通过网络众筹的方式筹集到种四十五万棵灌木柳的费用。但是，按照一棵树五元钱的成本计算，这个筹款量对我们来说是非常巨大的，所以我的同事也跟我说，要不先把筹款额度调小一点。但我当时想，如果我们要为河狸带来变化，要为乌伦古河流域带来变化，就必须咬着牙去把这些事情做完。那段时间我和同事们白天在河道里种树，晚上发微博告诉所有人我们的工作进展，每个人都被蚊子叮得满头大包，晒得黢黑。幸运的是，我们种树的事得到了好多对自然保护感兴趣的网友们的支持，我们很快筹到了这笔钱。

那时候还发生了一件让我记忆犹新的事情。我们救助了一只叫宝宝的河狸，它当时特别贪吃，吃东西的时候会发出哼哼唧唧的声音，甚至吃到自己打嗝了，快噎得不行了，还要死命吃。当时我们还没有很好的医疗救助条件，救助是在同事家的地下室开展的。宝宝的胳膊上有一个很重的穿透伤，我们以为只有那一处外伤，然后就一点一点给它治，我们也在看着它一点点好起来。但没想到的是，它突然有一天就不行了。

这件事发生得太突然，也太令人难过了。那时候，我们甚至把宝宝康复之后放归的地方都选好了，结果却发生了这样的悲剧。当时我们和林草局决定剖检宝宝查明死因，如果不剖检，我们永远都不会知道它究竟出现了什么问题。

通过剖检我们发现，宝宝是被同类咬伤的，它身上有很多贯穿伤，最严重的贯穿伤在背部。河狸的愈合能力很强，它的外伤恢复了，但是身体里脊柱的伤依然在，所以它肚子里面其实一直有脓，它身上的骨头也都已经腐蚀成了蜂窝状。在手术刀穿破它腹腔的时候，那个脓就跟火山喷发一样“唰”一下就喷出来了。

也是那个时候大家才明白，宝宝之所以那么努力地去吃去喝，是因为它真的很想活下来。它之所以吃着吃着就跑到一边去睡着，不是因为它太懒，而是因为它真的太疼了。

看着宝宝离开，我特别难受。我把这个故事分享了出来，是因为我想跟大家说，如果可以，我们一起来帮帮河狸，不要再让更多的河狸变成宝宝这样。每一只蒙新河狸都希望有一个足够属于它自己的栖息地去建立自己的小家庭，如果没有的话，它们内部就会有很严重的打斗。但如果我们给河狸建立了足够多的栖息地，是不是就能够改变现状？

我把宝宝的故事没有任何保留地分享了出去，没想到这件事情一下子在网上打动了很多人。

这个事让大家看到了蒙新河狸需要被保护？

对，我们就想通过网络的渠道让大家真正看到蒙新河狸的生活环境。2019 年，我们建立了中国的第一个野生动物生境直播：河狸直播。让全中国的网友可以 24 小时以不打扰的方式远远地看到遥远的阿勒泰地区特有的蒙新河狸，使更多人能参与到保护中来，用实际行动来帮助这个物种。

河狸直播陆续登上过新华社官方直播、人民网官方直播、央视频直播等国家媒体，观看人数达几千万人。也有网友提出说："我们也要为阿尔泰山的生态文明做些事情！"在这种氛围下，我们以青年志愿者为主力军，在五年间打造出三个全国知名的互联网自然保护公益项目：大规模修复野生动物栖息地灌木植被群落，为野生动物种下六十多万棵小树苗的"河狸食堂"；沿着七百五十公里长的乌伦古河一家一家走访原住民，招募到五百多位愿意参与自然保护公益工作的牧民兄弟姐妹组成自然巡护队的"河狸守护者"；在富蕴县委县政府的支持下，联合来自全国各地的网友们共同修建起国际山脉阿尔泰山在中国境内首座专业野生动物救助中心的"河狸方舟"。

这系列的生态保护项目，成效怎么样？

五年间，超过一百万名来自全国各地的年轻人通过互联网组成了一个叫作"河狸军团"的公益群体，大家省吃俭用，奔走呼喊，为保护自然的公益事业募捐，筹集设备、物资；他们想方设法攒假，跨越千里，从城市来到广袤的阿尔泰山参加体力劳动，吃住在种树的工地上，浑身被蚊虫叮满了包，脸上却洋溢着笑容。

2021年年初，阿尔泰山脚下的乌伦古河畔，雪花飞舞，当时的气温已经降到了 -38℃，天地间一片白茫茫，我的同事们在没过大腿的积雪中艰难挪动。走了很久，在到达一处深埋在雪包中的河狸窝后大伙分散开，有人拍摄，有人测量，还有人哈着气记录。过了许久，当几人的数据凑在一起时，风雪中爆发出了巨大的欢呼，我们雀跃着拥抱在一起，"终于六百只喽！"这是我们第三次河狸全种群调查工作的最后一天，调查数据显示我国现存国家一级重点保护动物蒙新河狸种群数量已达 600 只，较三年前调查数据增长 19.8%，为我国自有河狸观测数据以来的最高值。

我也因此有幸在联合国《生物多样性公约》缔约方大会第十五次会议上作为中国青年代表分享了大家共同完成自然保护公益工作的故事。站在台上的那一刻，我自豪极了，既因为我们的自然保护工作取得了成果而兴奋，又因为和所有的网友小伙伴众志成城完成了这场盛大的协作而欣喜。我想，那一刻我和全中国的年轻人一起，向世界展示了人类文明对于生命的尊重。

公益组织的状况，现在如何？

我们一开始做的是影像工作室。那时我的想法很单纯，觉得可以用拍影像宣传片来赚钱，然后去拍野生动物纪录片，以此达到保护野生动物的目的。但是我们发现，如果只是纪录片，是没法为公众架设起一个与大自然连接的通道的。推进这项事业也不是一个机构能够完成的工作，需要全社会的援助。所以，我们与国内近十家自然保护基金会开展了公募合作，将自然保护的历程放在互联网上，接引很多年轻人参与进来。现在，我们机构已经成了国内很多青年自然保护者接触自然和参加自然保护工作的桥梁。

现在有这么多人在网上关注你们，是一种什么感受？

我经常收到很多很感动的私信，就比方说"姐姐，我很喜欢你们的视频，我也很喜欢这些动物，我以后长大了也希望能够去学这个专业"。收到很多这样的私信，就很感动。让我们觉得越来越有使命感，觉得我们做的事情是正确的。被更多人看到，我们就更要继续坚持把这件事情做好。

很多年轻人想加入动物保护的队伍，那你们团队中都有哪些专业毕业的人呢？

如果是想要成为专业的野生动物保护工作人员，基本上有以下几种专业类型吧：

一、野生动物保护相关专业。比如我学的野生动植物保护与利用专业、生态学专业、动物医学等，这些基本上就是跟野生动物保护比较相关的，大学毕业后可以选择去政府工作，林草部门也是野生动物保护很重要的力量，我们在做的工作其实都是在保护区之外，因为保护区里的动物真的已经被林草部门保护得很好啦。不想去政府也可以来我们这样的民间机构，中国其实有很多，比如猫科动物保护联盟，就是专门保护华北豹这一类大猫的，还有西南山地、荒野新疆、三江源生态保护协会，都是很好的保护机构，而且每一个保护机构其实都需要科研作为最重要的基础，所以学这些专业都很合适。

二、新媒体相关的专业。现在是一个信息表达和接收的时代，新媒体的力量可以帮助机构去更好地发展，不是学了动物保护相关专业才能够在这个行业里发光发热。

三、管理专业。其实每一个和我们类似的机构都在面临要去募款，要去执行项目的现状，管理人员是我们行业里比较缺的人才。利用管理学知识，帮助机构更好地运行，提高项目执行的效率，对于每一个机构来说也是很重要的能力！

想再多说一点就是，我觉得做这一行最重要的是要有一颗真爱野生动物的心，不是说要把它们抱在怀里去亲近它们的那种爱，而是愿意像影子一样在暗中为它们提供帮助，让它们能够以野生动物该有的生存方式去活得更好的那种爱，要学会像动物一

农学

样思考，要去提供它们需要的爱，而不是我们以为的那种爱，这个最重要了。

既然欢迎不同专业的人，来加入动物保护相关组织的工作中来，那你们现在的工作内容主要有哪些？

我们的工作一共分为四个部分。

第一个部分就是我们的科研工作，可以说是其他几个部分的基础支撑。我们通过野外调查去明确不同物种面临的问题和威胁，然后设计出能够让大众参与的公益项目；我们还通过科研的方式来了解野生动物在自然环境下的食物组成还有日常行为，来为救助的野生动物设计食谱和进行笼舍的丰容；我们还将科研得出的结论转化成科普的表达方式，向大家输出野生动物和自然保护的真实样子，这就是我们科研工作的意义。

第二个部分是公益项目。我们汇聚社会上的不同资源，包括政府、企业、基金会、个人，大家聚力为野生动物去做一些能够带来改变的工作，比如我们的河狸保护系列项目，就是在科研的基础上，从最开始的"河狸调查"（明确河狸的种群数量以及动态监测其栖息地和生境问题）到"河狸守护者"（提供河狸家族供网友认养从而将捐赠的经费换成牧草发给当地牧民，河狸和牧民都生活在乌伦古河流域，每个河狸家族基本上都在牧民家的草场里，这些牧民就变成了我们的在地守护者），再到后来的"河狸食堂"（通过科研明确为蒙新河狸种植灌木柳可以帮助其恢复生境提高环境容纳量），然后是"河狸直播"，再到我们现在进行的"河狸方舟"（为蒙新河狸和其他野生动物建立救助中心，帮助它们重返自然；建立第一个蒙新河狸影像数据库），我们现在还在筹备新项目"河狸新家园"（评估乌伦古河流域的生境，为河狸设计迁徙通道，改造适宜于河狸生存的新家园）。

第三个部分，就是我们的野生动物救助工作。大家都知道新疆地方很大，人与野生动物的活动区域交织在一起，就有很多野生动物被人类设施误伤的状况，比如中毒、车祸、铁丝网等。我们的救助不是那种在野外看到狼正在捕猎一只野生的羊，我们去把狼赶走救下羊。因为这样的情况是属于正常的自然循环，我们只是去帮助那些出于人为原因受伤的野生动物，包括游客在旅游时误捡的小鸟，被人投喂而受伤的野生动物，还有护林员在巡山时救助的动物，都会送到我们这里。

我们之前是只有一个临时的野生动物救助点，今年我们将在富蕴县政府的帮助下建立起阿尔泰山在我国境内第一个专业的野生动物救助中心，里面会有鸟类笼舍、兽类笼舍、河狸笼舍、野放训练区、医疗区等。我们救助的原则其实是帮助它们度过危险期，再进行一定的野放训练，最后把它们放归自然。

去年夏天，我们救助了两只秃鹫，它们因为中毒而被牧民送到了派出所。我们进行了三天三夜的抢救，它们最后活下来了。当时因为场地不够，我们是在洗手间里进行的抢救，它们康复之后给我一顿折腾，最后是赶紧求着它们快走。可能有朋友知道，我当时对抢救中毒的猛禽很有心理阴影，我说能救活就再单身两年，没想到真活了，大家现在都在帮我算着我还要继续单身多久，哈哈。好了正经点，我们其实想要通过我们的尝试，为更多地方的野生动物救助带来借鉴和参考，因为野生动物的救助不像是宠物生病了，宠物会接受你的治疗方法而且不会进攻你，野生动物是有攻击力的，也很容易被吓到而应激，所以既要保证我们的安全，还要尽量少地跟它们建立情感连接，让它们康复后能脱离人类回到自然，其实是一件挺复杂的事儿。

最后一个部分，是新媒体宣传和自然教育。我们其实一开始做新媒体，对外发布内容，是为了让我们的捐赠人还有关注者能了解钱都花到哪里去了，做了哪些具体的工作，分享着分享着我就发现大家比较喜欢看我放飞自我，然后我们也就开始做短视频了。

长年在野外，会不会也有特别辛苦、坚持不下去的时候？

野外的物质生活条件肯定跟城市是没法比的。我们这个小小的公益组织刚成立时，也就是几个刚刚毕业、口袋空空的年轻人凑了点树苗钱就开始了劳动，完全没有考虑到这会是一项星辰大海般的工作。

当时我们白天下地种树，晚上发微博邀请网友们加入进来。每个人都是尘土满面，但心里特别有干劲。幸运的是，真的有特别多人愿意参与到自然保护的事业里来。大家用省下来的可乐钱、奶茶钱、买游戏皮肤的钱来帮河狸种树，甚至有很多人一有假期就来阿勒泰，吃住在种树工地，和我们一起加入这场漫长而又浩荡的劳动中来。

我们种树的第一年真的是惨败。当时我和两个同学再加上牧民兄弟们，一天二十四小时拿着帐篷睡袋，吃住就在河道边，浑身都是蚊子咬的包，结果第一年的树苗成活率只有30%。我们之前抱了那么大的信心去帮助河狸，结果连树都种不活，大家挫败感非常强。

因为灌木柳不是可以在当地创造经济收益的经济树种，所以没有人研究怎么种它。最后怎么办呢？我就回母校北京林业大学去搬救兵了。母校的老师们也特别愿意帮忙，他们就一块儿来帮我们分析土壤土质，然后研究出了不同的种植方法。

河狸的生境有些地方是砾石的，有些地方是卵石的，有些地方是沙土质的，有些地方又是比较肥沃一点的土质。针对不同的土质，我们要有不同的种植方法，包括怎么样去设置滴灌带，要不要放地膜，浇水的频率是什么样的，土壤的酸碱性怎么平衡……每一块土地都得量身定做种植方法。

但是，一旦我们找到了方法，种树的效率就上来了。我们最后还没有花完种四十五万棵树的钱就已经种下了六十二万棵灌木柳。

这件事很艰苦，很多人问我是怎么坚持下来的。我倒觉得自己没有坚持过，这本身就是我的生活。心甘情愿做一件事情，才会有好结果。

很多年轻的同学也对动物保护有兴趣，但从实际的角度考虑，也会担心这份工作是不是朝不保夕，只能是为爱发电，而不能创造收入？

农学

公益组织确实很难创造很多的财富，如果你有家庭的经济压力，我可能还是不建议全职投入野外的工作中来，但学习这个专业还是没问题的，因为这个专业不仅适合我们这种公益组织，也会有国家机构、国家地理杂志等单位，你可以在大学期间多多实习，找到适合自己兴趣和收入水平的工作。

因为我是一个生活比较简单的人，喜欢待在大自然里，喜欢远远地看着动物们，在城市里可能会让我觉得压抑和疲惫，我也没有太高的物质要求，日常也没什么社交需求，所以我觉得这份工作很适合我。

但是每一个想要从事这份职业的人，请一定要考虑自身实际情况，这份工作是真的不赚钱，我们希望以后能有更好的活血和造血的方法，但是暂时看来还是一个又苦又累还不赚钱的工作。我的身体就在这些年出野外期间变得很不好，免疫力差，腰椎间盘突出，膝盖受伤，颈椎不好，肠胃也有很大的问题，所以在入行前真的要谨慎。当然，看着动物们能在我们的帮助下重返自然，看着每一个物种在我们的帮助下有了更好的存续下去的希望，这是一件超级棒的事情。但是请对自己负责，认真地问一下自己，能不能够接受，再选择要不要来。

除了明白这份工作的辛苦和收入状况，你觉得学习野生动物保护，最重要的个人素质是什么？

对动物有爱心，这种对生命的尊重和爱可能不是靠学习能培养的，而是自己能清楚感知到，并已经化为日常生活中的行动，比如很多城市里的朋友也会救助流浪猫、流浪狗等。在我们这边，有一位被我们亲切称为"老班长"的牧民老人塔力哈提，他曾是一名中国人民解放军战士，退休后义务照顾了一窝被困在农用渠里筑巢的河狸长达三年。老人家每天徒步八公里给它们送去新鲜的树枝，他照顾的这窝河狸从最开始只有一个单身汉河狸，到找到了媳妇，又到现在都有了自己的孩子。他很感慨，也很荣幸成为河狸的守护者，经常跟外孙说："以后你长大了也要和我一样，要继续来照顾这些河狸，我们一代又一代，继续下去！"

而且这种爱心不能是占有式的。我们之前和阿尔泰山国有林管理局联合救助了一只在野外严重营养不良，濒临死亡的小熊能能，为了骗能能吃药，我们把它的药拌在食物里面，并且要训练它接受人类给的食物。但是等到能能康复之后，我们就又要去训练它跟人类"断绝关系"。所以我们当时就开始穿上伪装服，还要把各种动物粪便混合成的液体喷在身上，让能能觉得这不是人类在每天给他喂吃的。而且去喂它的时候不能说话，要让它从听觉、嗅觉、视觉上都觉得这不是人在给它吃的。只有这样，当它回野外去之后，才不会找人要吃的，这样也是对牧民的生命安全负责任。

最终，我们成功地把能能送回了自然。它也是中国第一只经过野放训练之后放归自然的个体。当时送走能能的时候，我真的是特别不舍，好几天都缓不过来劲。能能还在的时候，我可以直接从我宿舍房间的窗户看到它在楼下笼子里面活动，后来笼子空了，不光是我，包括我的同事们都经常悄悄地哭。大家很不习惯，但也明白这就是常态，动物们最终都是要走的。你知道你很爱它，你也知道你真的希望它好，但是，你希望它好的唯一方法就是不要去打扰它。

能能回归自然的时候，站到野外那一瞬间，它是真的笑了，看上去特别开心，我就觉得真好。

对那些想要保护野生动物，但不能去新疆加入你们的人，你有什么建议吗？

参与自然保护真的可以很简单，不是一定非要有多少钱或者怎样，在完全不熟悉的阶段关注我们也是一个好的方式，有钱出钱，有力出力，有时间出时间，都可以的。

你对目前正在学习动物保护相关专业的学弟学妹，有什么经验可以分享吗？

我的职业经历其实挺简单，一毕业就选择了自己喜欢的领域。所以我就从自己的职业选择来谈谈吧。

一是坚持梦想，坚持自己热爱的，这是一件很值得尊重的事情，热爱也能够帮助事业去发光发热，如果你们有自己热爱的事情一定要勇敢去争取。

二是珍惜时间，时间是最宝贵的东西，人在年轻时没有感觉，但当毕业几年后再仔细回想，大学其实是特别好的学习机会，我们有大量的时间可以研究问题，而在工作之后我们总会被各种各样的事情打断，那种心无旁骛地聚焦学习的状态就显得特别珍贵了。

三是不要觉得自己还是个学生，就想等工作以后再学一些技能或者研究一些问题，而是从现在开始，利用一切时间碎片为自己的梦想积攒能量。

最后，在选择前还是要考虑一些现实的问题，例如我的工作一旦忙起来就连打个电话的时间都没有，每天要工作十几个小时，我都记不清上次休息是什么时候了。过年我也仅仅是除夕那天回家吃了顿午饭，晚上就赶回了协会和动物们一起过年，很少有陪伴家人的时间，导致现在被我妈每天唠叨抗议。所以选择是有代价的，考虑清楚你要面临的是什么，才会做出无悔的选择，有更好的人生。

农学专业学生访谈

取景框看世界

胡睿智｜农学

我本硕毕业于中国农业大学种子科学与工程专业，现在是一名基层公务员。

农学专业会学习哪些内容？

当提到农学，许多人可能会有一种误解，认为农学只是与农业种植有关。但实际上，农学不仅仅局限于此。农学分为大农学和小农学两个部分。大农学涵盖了植物生产、动物生产、动物医学、森林资源、草业、水产以及生态环境七大类。而小农学则包括作物的栽培与耕种、作物育种、作物种子生产与检验等。

在学习农学时，你所面对的主要对象是植物和动物，它们是无声的。因此，你需要有坚持和探索的精神，才能在这条路上走得更远。农学的学习和科研难度不算太高，只要你有一颗探索和耐得住寂寞的心，就可以在这个领域取得不俗的成就。

农学专业的就业前景如何?

农学相关专业的就业方向一般有三个领域。

首先,是科学研究领域,包括国内的科研机构和大公司的科研岗位。其次,是自主创业领域。由于学习了农学,你将具有较为全面的各方面的综合素养,在自主创业方面具有很大的优势。最后是进入相应的产业公司。除了这三个主要领域,还有一些零碎方面的就业。

在自主创业领域,农药、化肥以及畜牧养殖是比较好的三个方向,一般而言回报率比较高。就业于公司的话,薪酬待遇与你的专业相关。例如,兽医的薪资待遇可能就比较高,宠物医院的医师一般能拿到两三万,而如果你从事种子科学检验方面,薪酬可能不超过万元。

农业是百业之基,我国每年的一号文件都与三农有关,这也在国家层面上体现出对农业的重视。随着我国经济的不断发展,人们从过去的"吃饱穿暖"逐渐向"吃得更好,穿得更好"演化,因此农学相关专业的就业前景非常光明。

⑩

医学

基础医学类 临床医学类 口腔医学类

公共卫生与预防医学类

中医学类 中西医结合类 药学类 中药学类

法医学类 医学技术类 护理学类

学医路上的技、艺、理

陶勇（北京朝阳医院眼科主任医师）

1997年，香港回归，举国欢庆这一国家盛事，我和我的同学也都面临一次千军万马过独木桥的人生大事——高考。高考的前几天，特别闷热，而且我们小镇上也经常停电，蚊子很多，咬得晚上睡不好。有一个晚上，我迷迷糊糊觉得床上有动静，睁眼看见我爸爸，在黑暗中蹑手蹑脚地在床上走动，一手举着手电筒，一手拿着报纸，看见墙上有蚊子，就用报纸捂过去，尽量不发出声响。

考上大学，不仅是全家的希望，也是我自己一生命运的转折点，而在填报志愿的时候，我却没有半点犹豫和纠结。高考志愿的第一志愿栏，我填报了北京医科大学，提前录取和第二志愿也都填的是医科学校。父母出于担心和谨慎考虑，再三提醒我，学医很苦、很累，经常要值夜班，而且一辈子都要学习。这些提醒没有对我的决心构成实质性动摇。事实上，我坚定学医信念的原因，正是我的母亲。

从小，母亲就经常给我滴各种眼药水，而且一定要是滴完了之后眼睛感到很"杀"的那种，因为我母亲的观点是，眼药水越

"杀"，"杀菌"的效果就越好。我印象里，有一种名叫"斑马眼药水"的，滴完数分钟之内睁不开眼，不过已经做了二十年眼科医师的我，至今不知道"斑马眼药水"是什么。

母亲自己也滴，而且经常给我讲她小时候的事。她奶奶是个盲人，沙眼就是致盲原因，奶奶在狭小的屋内摸着行动，经常磕碰桌椅，无论是自己穿衣、吃饭，还是照料孩童，都很不方便，这些画面因为反复脑补，令我对"盲人极为可怜，特别需要帮助"这件事的印象极为深刻。

母亲自己眼睛也很难受，她时常抱怨眼睛磨痛，就像撒了一把沙子在眼睛里，眼睛经常是红红的，不断地流泪。我10岁的时候，陪着母亲去省城南昌的大医院看眼睛。医生给她的眼睛点了麻药，然后用一根很细的针，翻开眼皮，用了很长时间，从眼睛里挑出满满一盘子白色的结石。我当时震惊了，没想到母亲的眼睛里真的长了沙砾，一方面对人体感到无比神奇，另一方面印证了母亲眼睛难受是如此严重。从那以后，母亲的眼睛就不磨痛了，也不给我上眼药了。

医生是世上最厉害的人，我长大了也要做医生——那件亲身经历的事不知不觉中在我内心里埋下了一颗学医的种子。我要感恩，在我填报高考志愿的年代，来自现实生活的压力没有现在这么大。17岁的我，的确是在选专业，而不是选就业。而在信息爆炸，处处面临选择的今天，年轻人会在很多方面遇到来自长辈的不理解；未来的生活和工作中，还会无数次在值与不值的问题上纠结彷徨。A是理想，B是现实，我们一生都要做无数个选A还是选B的选择题。

医学

医路上的苦与乐

上大学之后，很多事情和预想的并不一样，例如，我想到了学医苦，却没想到会这么苦。解剖、组胚、生理、生化，被同学们称为基础学科四大杀手，需要记忆的内容特别多，三羧酸循环上的中间代谢产物，名字绕口、数量繁多，就像魔方上的色块，想要一次性拼全，特别困难；206 块骨头、639 条肌肉，构成了一个桃花岛上的迷阵，我们深陷其中。一共 74 门课的课本，每一本都如砖头那样厚，可以从地板摞到天花板。每一个学期过后，发际线和头发密度都有显著变化。

其实回想起来，于我而言，应付考试还不是我医学理论学习期间最大的打击，让我最有受挫感的是操作实习。有一节生理课练习的是蟾蜍心脏的离体搏动，身边的同学们一个个都成功了，蟾蜍的离体心脏不断规律性地搏动，我却怎样做都失败，心脏总是低下高贵的头颅，一动不动地吊在那里。最后，我才发现，别人都是用的门口大罐子里的特制灌注液，而我灌注心脏用的是自来水。自来水里的钾离子含量太高，心脏当然停跳。这件事虽然给我带来挫折，但使我对钾离子升高的危害性也留下了更深刻的印象，有得有失，苦和乐是硬币的两面，不可分开。

进入临床实习阶段，我们又遇上了临床学科四大杀手，内外妇儿。书背得再滚瓜烂熟，也不代表手术就做得漂亮，病治得就好。仅仅是勤奋，已经不足以支撑临床知识的学习。不仅要把书本上的知识内化，烂熟于心，还要在实践中学习书本上没有的东西，例如与患者沟通的技巧、获得与同事合作的经验。精湛的医术是医生必须掌握的专业技能。医生本质上也是工匠的一种，专门负责修理维护人体的异常。医圣希波克拉底说："药治不好的，要用'铁'，'铁'治不好的，要用'火'。"为了练习显微镜操作，我得利用晚上和周末的时间，在显微镜下去练习使用只有头发丝 1/4 粗细的线在纱布上缝合打结，用小镊子练习完整地撕除圣女果的果皮，去屠宰场买大量猪眼进行解剖缝合练习，晚上主动要求跟着上级医生值夜班，主动给病人检查视力眼压、散瞳查眼底。

维持临床学习这个阶段的动力，来自进步感。不会看的疾病，看得愈加得心应手，甚至能帮上级医生查漏补缺；不会做的手术，做得愈加娴熟，病人术后恢复得更快更好。到后来，手术经验不断丰富，做过一万台眼科手术之后，我再坐在手术台上，便不再紧张，能体会出钢琴家要演奏钢琴曲的感觉，玻切机的咔咔声成为有节奏的韵律。

对于医学生来说，汗水就是浇灌种子最好的养料，苦与乐交织在一起，成为一首交响曲，无论是遭遇打击受挫的低谷，还是获得收获和成绩的高潮，都是值得回忆的闪光点。

如何选择适合自己的医学学科

本科生的时候，是不分亚专科的，到了研究生的时候，面临分科的问题。我的博士导师，被誉为"中国玻切皇后"的黎晓新教授，面试我的时候，问我："你为什么要选择眼科？"我的回答是："因为我觉得眼科很神奇，视觉系统有很多值得探索的科学问题，我的物理学得比较好，我喜欢研究光学，所以选眼科。"

医学

选择医学学科，我个人的建议是，要尊重自己的兴趣和性格，不追求"普世价值"的金钱观。因为那样做的话，对不起自己的一生。人一辈子的时间是有限的，将吃饭、喝水、睡觉这些维持基本生命活动的行为时间剔除出去，就剩工作和娱乐。毫无疑问，对于大部分人而言，工作占的比重更大。如果选择的职业是自己不感兴趣的，或者自己都觉得没什么价值，就是为了养家糊口，或者让外人觉得光鲜亮丽，那我觉得是一种刑罚，至少是重重的折磨。

"金眼科、银外科、累死累活妇产科、穷困潦倒小儿科"，这是公众经常传的顺口溜，至于为什么这样说，没有标准，但也就给大家造成了印象，选眼科好，是金饭碗。其实是不是金饭碗，要看碗里盛的是不是自己真正爱吃的。

每一个亚专科都有各自的特点和需要，例如内科需要推理和判断，适合擅长表达和分析的人；骨科的手术治疗比较多，适合冷静、体力好、爱动手操作的人；儿科面对的是不会说话的孩子，需要耐心、喜欢和孩子打交道的人。无论选择哪个科，关键是自己觉得治好了这个科的病后内心有价值感，这就是好的选择。

在德国留学期间，我曾经遇到一位来自南方的医生，没多久，他就放弃学医，改学计算机了，我们当时都特别诧异，也替他感到惋惜，毕竟他已是医学博士毕业，学了那么多年，但他自己满不在乎，觉得找到更适合自己的专业就是幸福。若干年后，我在北京的街头遇到了他，聊天才知道，他又重新做医生了，我万分惊讶，这是什么操作？人生短短几十年，选择专业不成了仰卧起坐吗？他告诉我，他后来遭遇母亲患胰腺癌去世，经历了亲人的离去，他重新发现了学医的价值，对救死扶伤有了真正的理解；他也告诉我，计算机不白学，因为现在通过对影像学检查进行人工智能分析，可以提高对肿瘤的筛查阳性率，赋能基层医生，计算机背景给他打下了人工智能应用于医学研究的基础。

我非常尊重，也很理解这位南方医生的选择。事实上，如果我是他，我也会这样做。郑钧有一首歌《热爱》，我特别喜欢，里面的一句歌词"你会以自己为荣，没有虚度这一生"就是我想给医学生选择亚专科的答案。

医生成长有没有捷径

如果要问我，医生成长有没有捷径？我会说唯一的捷径就是每一步都扎扎实实，一步一个脚印。不返工，结果就是最快的。

我最多的时候，一天做过八十六台手术，其实这个不算什么，专业的白内障手术医生一天一百台都有可能。我和很多白内障医生在一起交流，我们共同的认识就是，白内障手术最重要的步骤就是做切口，也就是第一刀。切口靠前了，容易角膜变形水肿，术野看不清，影响后续步骤；切口靠后了，容易虹膜脱出，损伤眼内组织。白内障初学者往往把精力都放在超声乳化这个去除白内障的步骤上，一上手术台就想着要快点把白内障拿掉，结果每一步操作都给下一步操作增加了麻烦、制造了阻力，最后手术变得很困难。

做白内障手术和医生成长，有类似之处，要想顺，就得每一步都不给下一步制造麻烦。我把我自己医生成长的经历，分为三个阶段。

医学

225

第一个阶段，是"技"的阶段，理论要勤学，技术要苦练。这个阶段因为是小白，进步的答案在书里，在老师的脑海里，所以主要靠勤奋和坚持，就可以收获满满的进步感。这个阶段的诀窍在于从问题出发寻找答案。人的机械记忆力是有限的，如果是死记硬背书上的知识，很快就会遗忘。如果在临床上发现自己不会的，立刻去检索文献、翻书、查阅资料，会印象深刻。

第二个阶段是"艺"的阶段，艺指的是艺术。艺术家在展示的时候，会有酣畅淋漓的快感，究其原因，在于创新和升华。我在出专家门诊之后，发现很多疑难眼病，病因查不清楚，所以就得开发新的分子检测来辅助早期诊断，这也就是我用了十多年的时间开发眼内液检测的始动力。感谢那些泡在实验室的日日夜夜，还有不计其数的摸索，终于形成了包括核酸、抗原、抗体、细胞因子检测在内的一整套的眼内液检测方案，最终通过医院的科创中心进行成果转化，帮助了七百多家医院的近八万名眼病患者寻找病因，现在也被首次写进了眼科学教材。眼内液检测的系统性解决方案，就是我给自己做的一件"艺术品"，我还在不停地打磨，希望检测的效果可以更好、费用可以更低。

第三个阶段是"理"的阶段，理指的是哲理。如书法家写了一幅好字，画家画了一幅好画，也只是高兴几天一样。对于从医二十多年的我来说，没有感到麻木，主要是因为医学这条路，可以让我获得更多接近真理和哲理的机会，所以变得充实和充盈。通过从医，把每位病人的病例、人生故事和自己读过的书慢慢地串在一起，像一幕幕电影，我从中更多地体会到平衡的道理，这些平衡不断放大，从眼内微环境的平衡、眼和其他器官之间的平衡、生理和心理的平衡，再到人与人的平衡、人与社会的平衡、人与大自然的平衡，视野会不断拓宽，看待事物的高度也会发生变化。

医学是一条修行的路，一步步走，风景最美。

未来医学

科技的迅猛发展，给医学插上了翅膀。普遍的观点是，医生越老越吃香，背后的逻辑基础在于，医疗是需要经验积累的行业。不过这样的观点，可能会逐渐过时。

就以老年黄斑变性这个疾病为例，在我刚上大学的时候，这个病几乎没有什么好方法；等我上研究生的时候，多波长激光开始用于这个病的治疗，不过只能用于黄斑中心凹以外受累的病灶；等我参加工作的时候，出现了经瞳孔温热疗法，利用一种经红外激光，可以治疗黄斑中心凹下的病灶，但是热损伤会对视力有一定影响；过了两年，又出现了光动力学激光治疗，利用光敏剂，可以最小化激光能量，对病灶实现精准破坏，对视力损伤很小；又过了两年，出现了抗 VEGF 靶向药注射治疗，不仅可以针对病灶进行特异性的治疗，而且还能提高视力。

你看，短短二十年间，同一个病的治疗方案多次更新。如果我不能坚持学习、持续更新自己的知识体系的话，那我就不是一个具有二十年临床经验的医生，而是一个经验用了二十年的医生。

未来，科技只会以更快的速度进步，相信医学发展的脚步也会不断加速。

基因测序技术将会在疾病预测方面发挥作用，这得益于测序技术和生物信息分析技术的发展。大部分疾病都和基因有关，即使是近视这种主要和后天用眼习惯有关的疾病，也能在基因中找出易感性人群。美国影星安吉丽娜·朱莉被检查出携带遗传缺陷基因 BRCA1，也正是医学常说的"乳腺癌风险"，她的患病概率高达 87%，因此她选择了乳腺切除，断绝发生乳腺癌的风险。

在大众层面的疾病早筛上，分子检测会发挥作用，例如在消化科，通过定量检测粪便中波形蛋白（Vimentin）基因的甲基化，可以早期提示结直肠癌，研究显示，这种方法的特异性为 100%，敏感性为 60%，很高的阳性预测价值（100%）。相信随着新的靶点被不断发现，未来更多的癌症或者疾病可以得到早期测定。此外，人工智能技术也将被更广泛地用于疾病早筛，例如眼科的糖尿病视网膜病变，患者在早期并没有视觉症状，通过眼底拍照上传云端进行人工智能分析后，可以快速地在成千上万张眼底照中找出有早期病变的片子，人工智能判断糖尿病视网膜病变的敏感性可以达到 97.5%。不仅如此，在老年黄斑变性、青光眼等病的辅助诊断上，人工智能也可以达到 90% 以上的准确性。

在疾病的治疗上，基因治疗会成为利器。在以前，如果患者不幸遭遇了遗传性眼病，可以说是束手无策，失明至终老，但就在两年前，中国首个临床阶段的眼科体内腺相关病毒（AAV）基因治疗药物用于 ND4 线粒体基因突变引起的 Leber 遗传性视神经病变第一阶段临床试验在中国完成首例患者入组及给药，这种药物通过基因编辑的方式给患者提供健康的线粒体。在国际上，通过眼内注射腺相关病毒装载基因治疗序列的三期多中心随机双盲假对照研究结果喜人，患者在注射第二年获得了大于二十三个字母的视力提升。像这种致盲的遗传性眼病还很多，例如视网膜色素变性等，基因治疗给这些患者带来曙光，就像一条绳索，将他

228

们从黑暗的深渊中逐一带出。

作为眼科医生，我坚信，脑机接口技术会给纯盲的患者带来曙光，即使眼球内的病变毫无办法，但是我们将外界摄像机拍摄的影像转化成电信号，通过特殊的传导技术传递至大脑，就可以产生人工视觉。天下无盲的愿景，终能实现。

在我小的时候，电视连续剧《血疑》风靡大江南北，女主角患上白血病，令人同情，因为那个时候，白血病被称为血癌，是不治之症。现在，骨髓移植治疗白血病的成活率很高，而且很多可以治愈，过上接近正常人的生活。没有人想到医学会发展得这么快，但这就是事实。

道阻且长，行则将至；行而不辍，未来可期。

医学

医学专业学生访谈

取景框看世界

兔叭咯 | 医学

我毕业于黑龙江中医药大学，本科读的是中医临床方面的针灸学，硕士和博士读的是基础医学。

医学专业有什么素质技能要求吗？

关于医学生的素质和技能要求，我认为只有一个关键点，那就是必须具备强大的学习能力。医学专业的学习需要从头学到尾，从少到老。在学习能力方面，尤其需要有突出的记忆能力，因为有时候需要在一夜之间掌握一整本书的内容，来应对第二天的考试。医学专业的重点常常涉及整本书的内容，毕竟在临床上看病时，你不能说自己无法治疗，因为这个病不是考试重点。

医学专业的就业方向是什么？

医学的就业方向主要有两个：一是去临床当医生，二是搞科研去当研究员，或者在大学当老师。

关于在临床的真实情况，不像电视剧里那么光鲜亮丽，实际上临床的医生和同事们都比较萎靡，没有精神头，因为活太多。而且不管你干到哪个职级，生活都是比较拮据的，工资都比较真实。另一方面，科研这个方向的毕业前景，要么到大学当老师，要么去药企或研究机构当技术研究人员，他们的收入可圈可点。不管是临床还是科研，各个岗位对医学这方面的学历要求还是比较高的。我现在就想劝大家，如果你现在能早点考研考博就赶紧考，因为以后会越来越难。

常常 | 基础医学

我是基础医学专业，在复旦大学完成了硕博的学习。

基础医学专业会学习哪些内容？

基础医学主要学习基础的医学学科和临床相关的一些学科。

对于基础医学而言，科研能力是最需要的素质，大部分人的出路主要是以搞科研为主。基础医学的科研通常被视为临床的上游，为一些疾病找到相关的分子上的机制。因此，它也是一个比较枯燥和乏味的专业。

根据一些基础医学本科生的看法，基础医学的课程难度属于大家普遍可以接受的，但对科研能力的要求比较高。基础医学的学制是五年，其中有半年会在临床上进行实验，比临床专业的学生的实习时间要短。但最后一年会完整地留给这些学生做自己的毕业设计，让学生走进实验室，真正地去接触科研。这一年的时间，大家的情况就不尽相同，对专业感兴趣的同学，可能从这个时候就开始学习掌握基本的实验技能，但是科研思路还是需要慢

医学

慢培养的，很难通过一年的时间就对整体的科研有很深刻的理解和认识。大部分不想继续这个专业的学生，会利用这一年的时间去出去实习和找工作。

基础医学专业的就业方向是什么？

根据去年毕业生的情况来看，大约三分之一的人选择继续深造，包括到国内外的高校继续深造；另外的三分之一则通过学校的保研留在学校继续科研研究，可能会继续本科毕业设计，也可能会选择新的方向；最后三分之一的学生选择到社会上找工作，但是这部分本科生的工作往往与自己专业不相关，硕博研究生到社会上找工作，则往往会选择医药公司的研发岗位。

刘医生 | 临床医学（内科）

我本硕博就读于复旦大学上海医学院，目前就职于上海某医院做内科医生

临床医学专业学习科研难度如何？

医学的学习非常艰苦，有人戏称我们的学习过程，"高中的三年是模拟考，本科的五年才是真正的高考"。每到期末，我们需要复习大量的课程，相比其他专业，医学的学习过程确实是一种地狱般的体验。本科毕业也远远没有结束，研究生阶段不仅要搞好科研，还要应对相当多的考核和学习很多课程，修满相应的学分需要付出很多努力。完成博士阶段的学习也并不代表远离考试，规范化培训期间也要经历大大小小的考试考核。以我们医院为例，在规培的过程中，除了完成临床工作，每个月都要经历考试考核。

临床医学专业的就业方向是什么？

医学专业毕业之后最主要的还是去医院做医生或者一些行政管理岗位，其次是去药企，做一些研发岗、销售岗还有管理岗位。此外，有些人因为读硕博期间在做研究，可能就去高校、医院或者一些单位做基础研究。科研岗位对于学历的要求会高一点，可能是要求硕士或者是博士；而如果是销售岗位，本科生专科生都是可以做的。

内科医生和其他科室医生的区别？

首先，医生可以分为临床科室和辅助科室。在临床科室，主要需要与患者及其家属进行沟通；而在辅助科室，可能需要完成一些辅助的检查，如影像、病理和检验等。如果你的交际能力不强，可以选择辅助科室，这样就不需要跟患者和家属进行沟通；如果你天生具备表现欲或交际能力很强，那就推荐选择临床科室。

临床科室分为内科和外科，其他科室也可以分为偏内科和偏外科。内科以临床用药为主，外科则以手术为主，可以笼统地分为用药科室和手术科室。其他科室也可以归为这两大类。内科医生需要根据各种检查指标进行诊断和后续药物治疗，因此需要逻辑判断能力、诊断能力和用药水平。

医学

为医老学长｜临床医学（外科）

我本硕博毕业于复旦大学上海医学院，专业是运动医学，即将入职复旦大学某附属医院，进行外科的住院医师规范化培训的工作。

临床医学专业的就业前景如何？

我觉得医生是一个永远都不会消亡的职业，而且随着我们国家经济水平越来越高，老百姓对于医疗的需求也是越来越旺盛。面对老龄化的社会情况，相应的退行性疾病、慢性疾病人群也会越来越多，这方面的医疗需求也会逐渐增长。所以从宏观来看，医生这个职业的缺口还是非常大的。

从个人的发展来看，别的行业可能在 35 岁至 40 岁会面临一个中年危机，但是医生这个行业最大的一个特点就是在中年的时候，往往才迎来职业巅峰。

前途是光明的，道路也是曲折的，成为一名医生要付出相当大的代价。首先，学习时间就很长，本科就要比别人多学一年，也就是五年本科。如果你想去好一点的大医院，还要读研读博，又是三年再来三年。现在国家还在开展住院医师规范化培训、专科医生规范化培训，那么又是三年甚至再加二至五年。这么十几年的时间，你才能成为比较有名气的专科医生。所以说想要成为一名医生，得做好足够的心理准备。

赖医师｜临床医学（皮肤科）

我毕业于复旦大学上海医学院临床医学八年制，目前在一家私立医院做皮肤科医师。

临床医学专业会学习哪些内容？

当我们踏入医学的那一刻，所要经历的课程包括系统解剖学、局部解剖学、组织胚胎学、病理学、生理学、病理生理学、公共预防医学、内科学、外科学、妇科学、儿科学、皮肤病学等等。这些专业课程学完之后，我们还要进行见习、实习和住院医师的规范化培训，最后才能留院工作。整个周期比较长。

临床医学专业有什么素质技能要求吗？

首先，我认为医生应该具备爱心、细心和耐心，如果缺乏其中任何一个条件，我可能会建议你选择其他专业。我们医学生的誓言是"健康所系，性命相托"，这意味着我们必须为患者负责并关心他们的健康。我建议你慢慢培养这些品质，或者确保你有以下条件，例如身体和心理的承受能力，因为医学生会面临来自科主任、患者和医疗环境等方面的压力。此外，沟通能力也非常重要，因为我们需要与患者、同事和领导进行有效顺畅的交流。需要注意的是，成为一名医生的成长周期非常漫长，因此，我建议在选择医学专业之前，家庭应该有一定的经济基础。

医学

工具箱中工具人｜预防医学

我本科和直接攻博就读于复旦大学公共卫生学院的预防医学专业和卫生毒理学专业，现在从事科研工作。

预防医学专业会学习哪些内容？

不同高校的公共卫生相关专业主要包括预防医学、检验医学和公共事业管理卫生方向等。预防医学的研究目标是帮助人们少生病、过上更健康的生活；检验医学则致力于将人体各种指标信息化；而公共事业管理卫生方向则研究如何提高卫生系统的运行效率。

预防医学专业的就业方向是什么？

在就业方面，可以分为体制内和体制外。

体制内的就业机会包括卫生建设委员会等公务员系统和疾控中心、医院院感科等事业单位。海关出入境检验检疫以及食药监部门等也需要公共卫生毕业生。不同地区的薪资标准有所不同，而不同层次的高校毕业生在就业方面也存在差异。211和985高校毕业生可能会更容易找到地市级、省级部门的工作，而其他高校毕业生可能会在区级或街道卫生部门找到就业机会。

体制外的就业机会包括医药、健康和卫生相关的各个行业。药企、医疗器械公司、食品企业、医药投资公司等临床部门、培训部门、研发部门和大数据分析部门都需要具备公共卫生知识和能力的毕业生。不同公司的工资待遇有所不同。

预防医学专业的就业前景如何？

我个人在预防医学专业学习已经超过十年。新冠疫情的暴发让这个专业被推到了一个前所未有的高度。我们能够平稳度过疫情期，这是因为公共卫生领域的前辈们一直在不断努力，把我们保护得很好。时至今日，我们都能认识到公共卫生非常重要，需要广大的青年学子报考、学习和投身，为更广大的人群做出贡献。

Der ｜ 中医学

我来自上海中医药大学中医学 5+3 一体化专业，目前是研究生一年级在读，同时也是住院医师规范化培训第一年。

中医学专业会学习哪些内容？

中医学除了通识课程外，主要分为中医和西医两条线。在本科阶段，中医和西医都需要学习。每条线都分为理论阶段和实践阶段。

低年级阶段，中医专业主要学习中医基础理论、中药方剂、中医诊断、医古文、医学史以及各家学说等。高年级阶段，学生将学习《内经》《金匮》等中医经典，同时会接触中医临床课程，如中医内科、外科、妇科、儿科以及针灸、推拿、骨伤、五官科等课程。

在本科的第四年和第五年，学生将逐步接触到临床实践课程。他们会去医院对真实的病人进行望、闻、问、切的四诊，进行病史收集，并进行针灸推拿等实践操作。

在研究生阶段，也就是规培阶段，学生将下临床，然后到每个科室轮转。每个科室都有他们自己的中医药特色治疗，包括老师们的遣方用药和辩证思路等，都是可以学习的内容。

中医学专业有什么素质技能要求吗？

如果你对中国传统文化有一定的兴趣，比如《周易》、五运六气、佛教、道家思想等，阅读古代各家医案时可能会有自己的见解，这有助于形成自己的中医思维，但我认为这只是锦上添花。过硬的身体和心理素质才是平安毕业的保证。

医学

医学专业的知识点比较细，以记忆性知识点为主。不过这不意味着你要把整本书背下来。相反，现代中医学的知识点是经过精加工的。如果你只是想通过考试，其实背诵是有一定诀窍的。但当你进入临床实践时，灵活运用这些知识点才是最困难的。

中医学专业的就业方向是什么？

如果你想成为一名中医临床医师，读完 5 年的中医学本科是远远不够的。一名临床医师的起跑线是拿到中医的职业医师执照、住院医师规范化培训的规培证书以及你的本科和研究生证书。当你拿到这四张证书后，你的就业方向主要有公立医院、社区医院、私立医院、私人诊所以及一些医药企业的临床岗位。

在公立医院中，你的就业方向大部分是中医医院以及中西医结合医院，具体情况要看你研究生阶段所选的科室情况。如果你想进入西医医院，尤其是想进入西医的三甲医院的话，对科室的限制要求是比较高的，大部分情况是进入他们的中医科。如果你对中医药特色治疗有一定追求的话，很多人现在选择的是社区医院。社区医院的病人数量、病种以及工作时间都是相对稳定的，这也导致近两年社区医院的就业竞争压力在逐年上升。最后是私立医院以及私人诊所，在此就不做过多介绍。

小钱｜药学

我本科毕业于复旦大学临床药学，然后我就去美国内布拉斯加大学医学中心读了药学博士，毕业回国之后入职一家外资药企。

药学专业会学习哪些内容？

药学专业的大一课程与大多数理工科专业类似，包括高等数学、普通物理、有机化学和普通化学，此外还有实验课程。大二开始，学生将学习更多的专业课程，包括药理学、药剂学、有机化学和药用植物学，以及数理统计。药理学涵盖了药物的作用机制，而药剂学则关注药物剂型。药用植物学则涉及各种植物的药用价值，学生还需要进行野外实地考察，例如爬山和采集植物标本。此外，学生还需要学习许多化学课程，并进行相应的实验课程。

药学专业学习科研难度如何？

我认为药学的学习和科研难度都很高。在我们药学院，专业分为大药学和临床药学。大药学主要难点在于各种化学课和实验要求。而我在大二下选择了临床药学，这个专业则更偏向于临床方面。例如，在医院与医生和病人沟通，监测个体化用药等。到了大三，我去了医学院和预防医学的同学一起学习生理、病理和内外妇儿科。这些课程的难点在于知识点繁多且零散。我认为学习方法是将它们串联起来，建立自己的知识体系，通过各种真实案例来学习会更容易些。

药学专业的就业方向是什么？

我有一些同学会转行，大部分想继续做对口专业的同学会读硕士或博士。本科毕业后，有的人会去做销售，而有些人会成为医院的药师。然而，如果毕业学校不太好，可能很难进入好的医院。因此，建议考取更好的学校，以获得更大的平台。

读硕士或博士后，毕业的出路很多，有些人会成为医院的

医学

临床药师，有些人则会进入药企。特别是大的外资药企，他们的分工非常细致，每个人都是一个螺丝钉，不同的学历都可以找到适合自己的岗位。我的一些同学会从事医疗投资、医疗咨询等工作，还有一些同学会继续从事科研。

口腔医学学生镜子 Mirrortic ｜口腔医学

我的专业是口腔医学本科，目前正在准备进入住培阶段。

口腔医学专业会学习哪些内容？

口腔医学专业涉及基础、人文、临床和口腔方面的内容。在基础方面，我们学习全身解剖学、病理学、生理学、微生物学、细胞生物学和免疫学等。在临床方面，我们学习内外妇儿、中医学、急救学等。重点是口腔方面的学习，包括口腔结构生理学、口腔组织病理学、牙体牙髓病学、牙周病学、口腔颌面外科学、口腔修复学、口腔种植学、口腔生物学、口腔预防医学、儿童口腔医学、正畸学和影像学等。此外，我们还需要学习医学英语、医学数学和医学统计学等课程。我们也需要在仿头模上进行实操训练，互相练习打麻醉和包扎等技能。

口腔医学专业有什么素质技能要求吗？

首先，专业基础要扎实。因为病人不会按照重点生病，如果基础不扎实就像上了战场不带枪，对病人和自己都不负责。

其次，要有忍耐能力，眼疾手快。在口腔科，特别是牙体牙髓科和儿童口腔科，患者众多，需要有清醒头脑和敏捷手脚去应对所有情况。

最后，要胆大心细。因为要和病人沟通、动手操作，必须有胆量，但也不能大手大脚。在操作过程中要时刻关注患者的表情，看有没有异常情况，及时询问患者或推测接下来的情况。例如，打局麻药后要观察患者有没有过敏症状，如红斑、丘疹、水肿和呼吸困难等。需要注意的情况还有很多，都需要在治疗过程中考虑到。

口腔医学专业的就业方向是什么？

关于口腔专业的就业方向，我们可以分成三条线路来叙述。

第一条是临床线，即上临床做口腔医生，包括在公立医院和私立诊所。如果想进入公立医院工作，需要经过三年的住院医师规范化培训，需要考取专业硕士或参加住培岗位的考试竞争。竞争相对激烈。如果想在私立诊所工作，则不需要住培证。但无论是在公立医院还是私立医院工作，职业医师资格证都是必不可少的。

第二条是科研线，一般是读完博士后在大学进行实验室研究和负责进行学校的教学。当然，科研线和临床线有时是并行的。有些老师大部分时间在诊室进行诊疗工作，有时某天下午就去上课，有时需要去实验室做实验等；有些老师则将全部重心放在了科研和教学上。

第三条是器械线，在口腔器械、义齿加工厂等领域进行设备的研发、售卖或者进行义齿定制等工作。这种工作通常由口腔医学技术专业的人来进行，需要区分口腔医学专业和口腔医学技术专业。口腔医学主要学习口腔和颌面部的诊断治疗和预防科学，

医学

而口腔医学技术主要学习口腔治疗和工艺技术的基本操作技能。例如，当有人的牙齿缺失时，修复方案由口腔医生决定，然后进行预备和设计，送到一家工厂由口腔医学技术人员进行细节的设计和具体的义齿制作，最后送回来由口腔医生进行试戴和调整，最终修复缺失牙。

小米虫｜护理学

我本科毕业于天津医科大学护理学专业，硕士毕业于复旦大学上海医学院护理专业，现在在上海某三甲医院从事临床护理工作。

护理学专业会学习哪些内容？

目前，护理专业的课程主要分为大专和本科两个阶段。课程学习一般分为两个部分：第一部分是课程本身的学习，第二部分是临床实习生产。

无论是专科还是本科，专业学习包括一些医学通识课程，例如解剖学、组织学、病理学、病生学等。护理专业知识的学习范围包括内科护理学、外科护理学、儿科护理学和妇产科护理学，以及一些护理专业操作技术的学习。临床实践通常需要涉及内科、外科、急诊、妇产科、儿科和社区这几个临床科室。临床实习通常为期一年。

护理学专业有什么素质技能要求吗？

在护理从业人员中，最主要的素质要求是职业操守和责任心。此外，护理技能主要分为三个部分。第一部分是基础的护理操作技能，如静脉输液、肌肉注射和皮下注射，这些技能是护士从业的基础和大众对护士的一个印象。第二部分是急救技能，包括除颤、心肺复苏和简易呼吸机的使用。第三部分是专业操作技能，这部分技能根据从业者所从事的专科方向而定，不同临床专科科室的专科技能可能有所差异。例如，在神经科室，要求对患者的意识、瞳孔和肌力进行观察；而在呼吸机病人较多的科室，则需要对呼吸机的使用和气道维护有更高的要求。

护理学专业的就业方向是什么？

目前超过 50% 的专科生和本科生都选择了去医院从事临床护理工作，但也有其他的就业方向，比如医疗器械公司、医药公司、杂志社，还有一部分人会考取公务员。不同的教育背景和学历层次会决定你所去单位的层级。

医学

⑪ 管理学

管理科学与工程类 工商管理类 农业经济管理类
公共管理类 图书情报与档案管理类 物流管理与工程类
工业工程类 电子商务类 旅游管理类

学会吃专业的苦
——谈谈我的会计人生

李若山（复旦大学管理学院会计系教授）

大学报考填写志愿似乎是很头痛的一件事。中国有一句老话：男怕入错行，女怕嫁错郎。其实，女的也怕入错行的。似乎大学志愿决定了同学们的未来。志愿填得不好，似乎会痛苦一辈子。但是，从许多社会成功人士来看，大学志愿似乎也与成功没有多大关系：马云学的是英语，曾经是中学老师；马斯克本科学的是经济学。大学本科选择什么专业，与他们未来的成功好像关系不大。大学本科志愿到底重不重要呢？我只能结合个人经历，来谈谈对于从事了一生的会计专业的看法。

大学选择本科专业重不重要呢？绝对重要，但更重要的是如何把握机遇，做适合自己的选择。有人开玩笑说，人生成功五大要诀是高人指点、贵人相助、本人努力、同类监督、菩萨保佑！这里的菩萨指的是，机遇！普通人很难改变环境，但会碰到许多意想不到的机遇！记得有位名人说过："不管人们怎样夸耀自己的伟大行动，它们常常只是机遇的产物，而非一个伟大意向的结果。"（拉罗什富科）

我的七次人生选择

作为我来讲，一生中遇到了太多的机遇：初中毕业读技校的机遇，下乡插队的机遇，1977年、1978年恢复高考的机遇，读研的机遇，出国的机遇，毕业择业的机遇，大学工作选择的机遇。最后决定我会计人生的，除了本科志愿之外，更多的是对机遇的选择："选择无处不在，像无数个陷阱和诱惑。你选对了可能就快乐一生，选错了可能就坎坷一生。"（叔本华）

我的第一次选择：初中毕业时，由于家境原因，父母决定不让我去读高中，而是早早去考个技校，以减轻家里的经济压力。很不幸，我的中考成绩不理想，考进了上海建工局下属的上海第三建筑工程公司半工半读中等技术学校的瓦工班。通俗点来说，就是泥水匠班。拿到录取通知书后，父母非常犹豫，去还是不去。如果不去，当时没有复读这个机制；如果去了，未来一辈子就是又苦又累又脏的泥瓦工。最后迫于无奈，只能向现实低头，去学校报了到，成为该学校第一批瓦工班的学生。

我的第二次选择：不久学校停课。快毕业的我们属于高中学历，全部要到农村插队去，当时可以去黑龙江、甘肃、安徽等地。经过再三思考，1970年4月，我来到江西省清江县经楼公社插队务农。经过四个多月的艰苦农村生活。1970年8月，正好遇到县文工团在各个公社招聘演员及乐队，我会一点乐器，就报名面试，考试后居然让我进了文工团，当了一位乐队队员，这让我离开了农村插队的生活。这是人生的第二次选择。

我的第三次选择：1977年，以邓小平为首的党中央提出了恢复中断十年的高考。那时规定，三十岁以下的年轻人，不管你是

管理学

247

在校生，还是参加了工作的，都可以参加高考。而读大学一直是我人生的最大愿望。听到这个消息，我欣喜若狂，在第一时间报名参加高考。由于我当时还在文工团，填写高考志愿还是有点限制，只能报考与本职工作相关的专业，于是我毫不犹豫地填写了本科第一志愿：江西宜春地区师范学院文艺系。对我而言，只要有书读，不管是什么学院，都是人生的一次难得机会。报名后，工作繁忙，我们一直在外地演出，根本没有时间复习。离高考的日子越来越近，只剩最后几天了，领导才允许我们几位报了名的乐队队员先期返城。由于没有交通工具，我们几个只能搭了赣江的小木船逆流而上。一天多的颠簸，又没带干粮，饥饿难耐的我们只能厚着脸皮向船夫们讨了点白米饭充饥。

回到县城的第二天，我抱着忐忑的心情进了考场。拿到卷子就蒙了，毫无准备的我，面对考卷一头雾水，凭着多年的知识积累，靠直觉完成了所有的考试。考试结果，名落孙山。只得继续干我的老本行，在县文工团当个乐队队员。

我的第四次选择：1977年高考落选后，那时的沮丧，记忆犹新。不得已只得兑现对女友小吴的承诺：考不上我们就结婚。当时，我已经二十九岁了，女友也二十六岁了。没考上大学的我，就匆匆结婚了。婚后没有多久，又传来了1978年7月进行全国第二次高考的消息。这次高考与上年最大的不同是：一、报名不需要单位批准了，可以本人直接去文教局报名；二、在职人员报考不再限于本职工作的专业。天大的好消息！我喜出望外，以最快的速度报了名。由于特别喜爱读书，尤其是历史书籍，我第一志愿填写了复旦大学历史系。由于要填写五个志愿，后面就填写了北京大学中文系、武汉大学图书馆系。实在没有志愿填，我才填写了一个厦门大学经济系。因为有经验的同学告诉我，第一志愿非常重要。一般第一志愿不录取的话，就上不了一本，可能要落到下一批学校去。所以，后面四个志愿就随便地填写了。

到了9月，在文教局工作的小雷兴冲冲地跑到后台来告诉我："小李，你考上了大学了，厦门大学经济系会计专业。"我彻底蒙了。不会吧？我记得前几个志愿是历史、中文、图书馆系，对经济系印象不深。小雷问我："你填过厦门大学吗？"我回想了一下，好像是第二志愿。

接到大学正式录取通知书之后，将喜讯告诉父母，我考上大学了。父亲露出难得的笑脸，问了一下考上什么大学、什么系、什么专业。我说是厦门大学经济系会计专业。父亲的表情立即僵住了，说了句："怎么又是会计专业呢？会计这个专业，是一个算盘一支笔，算来算去没有出息啊。"

父亲说这句话事出有因。父亲也是在年届三十岁的时候，报考上海财经大学会计专业。毕业后，先分在北京，后来回到上海城市建筑设计院，做预算工作，一直不顺。而我母亲也是上海一家皮鞋店的财务人员。父亲听说我又要子承父业，继续去读会计专业，心里老大不愿意，先是劝我放弃读大学，看我坚持想读，又让我去大学报到前，写一封信给校领导，问能否调换一下专业。直到我去大学报到那一天，也没有收到任何回复，便知道这事肯定失败了。信是写了，但杳无音信。结果，在大学开学典礼上，校长对我们新生致辞时，顺带批评了几句："有些新同学，专业思想不稳定，人还没有来，就吵着要换专业。厦门大学每一个专业都非常好，为什么一定要换专业呢？"听到这里，我知道校长是不点名地批评了我，换专业的事情彻底不行了。

进了大学后才明白，其实志愿并不是太重要，重要的是，你是不是遇到了高人，遇到了权威，遇到了业内的顶尖大咖。因为，他们会影响你的人生，改变你的人生。

1978年10月，进入大学的我们很快就从同学口中知道了经济系最著名的几位学术权威，除了统计专业的钱伯海、财政专业的邓子基、经济系的吴宣恭之外，我们会计专业中的学术大家就是葛家澍与余绪缨先生了。

第二学期，葛家澍教授亲自给我们班级授课，讲授会计学原理。这个石破天惊的好消息，让我们全班同学欣喜若狂，比我们高一级的1977级会计专业，也没有享受到这样隆重的待遇。我们不仅能一睹这位有些传奇色彩的学术大师的风采，还能享受其亲自给我们传道、授业、解惑，这是何等的荣幸！

开课的第一天，随着上课铃声的响起，仰慕已久的葛先生进了教室，他约一米七的中等个子，穿着一身蓝色中山装，风纪扣紧紧地系着，微胖的脸，整齐向后的发型，迈着稳重的步伐，缓缓地走上讲台。一开口，一腔糯糯的带点苏北口音的普通话让人听了非常舒服。葛先生先做了自我介绍，并说非常欢迎大家来听他的会计学原理课。简单的开场白之后，葛先生开始切入正题。他一开始并没有讲会计，而是从马克思的《资本论》说起，慢慢地切入社会主义的资金运动，然后再慢慢转到会计主题。葛老师语速不快，但逻辑非常清楚，从一个点上逐步展开，最后还能回归开始的主题，在课程结束归纳时，又比开始讲的内容在层次上高了许多。后来才发现，葛老师在每一次课、每一次讲座之后，几乎不要做任何修改与变动，讲授内容本身就是一篇非常完美的学术论文，这样的功底，是葛老师早期跟着王亚南教授苦读《资本论》等经典学术著作时，练出的基本功。葛老师在给我们讲授会计学原理的过程中，并不是满堂灌式的讲解，更多的是启发式的、点睛式的引导。在上完一两个章节之后，葛先生就布置了一些会计讨论题，让我们这些刚刚入门的小白们，谈谈自己对一些会计概念的看法。

很快，一学期快结束了，马上要进入复习考试阶段，葛老师在最后一次给我们上会计学原理的课堂上，再三强调，会计作为一门学科，要理解它的规律与内在逻辑，而不是死记硬背。结果考试下来，那些平常靠死记硬背且入学成绩不错的同学，不及格的人数高达十几个。这时大家才领略，外行看会计是一门并不复杂的专业，但只有真正领悟到学术内涵后，才知道背后深厚的原理，这就是学术大家与普通老师的区别。

我的第五次选择：本科毕业了，是参加工作、夫妻团聚，享受家庭和睦幸福的快乐时光呢，还是继续夫妻分居，跟着学术大家葛教授继续攻读研究生？这又是一个选择。坦白说，夫妻分居，孩子年幼，加上当时大学生被称为天之骄子，我非常想早点参加工作。但后来想想，有些事前面能做，后面也能做，比如参加工作。但有些事情只能前面做，不能后面做，比如读书。思索再三，还是继续报考葛教授的研究生。

1982年7月，我通过硕士研究生考试，考上葛老师的研究生并继续深造。1989年博士毕业后，我成为新中国成立后，国家自己培养的第一位审计学博士学位获得者。

我的第六次选择：博士毕业后，又面临着新的选择，是去国家机关当干部，还是去企业单位做高管，或者是留校当老师？在20世纪80年代末，这几个选择中老师是待遇最差的职业。但是，

管理学

留校当老师也是距离导师最近的职业。尽管有许多诱惑，也有许多曲折，考虑到自己的性格、为人处世的能力，以及年龄等多种原因，我最后还是留在厦门大学会计系当了一名普通的讲师。

我的第七次选择：1997 年，在厦门大学工作了九年之后，又有一个新机遇。复旦大学管理学院正在重新筹建恢复会计系，急需一批有经验的会计教师。而我本来也是在上海长大，有着很浓的家乡情节。再加上复旦大学是我从小就梦寐以求的高等学府，复旦大学中还有许多老师是我青少年时期的偶像，如数学家苏步青、物理学家谢希德等。能进入这样的高等学府，自己未来的事业将拥有更好、更高的平台。经过一年多的努力，最后我来到了复旦大学管理学院会计系工作，完成了我人生中与专业及志愿有关的最后一次选择。

学业道路的感悟

在简要回顾了我人生中的七次选择后，我有几个感悟。

首先，在学业的道路上，希望大家记住：本科看学校，硕士看专业，博士看导师。国家将高等学府分为 985、211，一本、二本等各个层次，是有一定道理的。记得有位大师说过，大学大学，不是大楼之大学，而是大师之大学。言下之意，之所以认定国内一流大学，是因为大学中沉淀着许多优秀教师的基因，传承着百年来的思维精华。因此，在填写本科志愿时，如果一本的专业差一点，二本的专业好一点。我情愿放弃二本，也会争取攻读一本。这不是歧视，更不是盲目崇拜。现在许多著名企业或优秀单位在人才招聘时，不管你是硕士生还是博士生，非常注重你的本科学历，也就是通常所称的第一学历。因此，高考时，填写志愿学校的等级要优于志愿兴趣。

其次，学校选好了，如何填写志愿，最好还是结合自己的性格、爱好以及环境。专业是没有高低贵贱之分的，比如农业专业出了袁隆平，数学专业出了陈景润，医学专业出了吴孟超，每一个专业里面都能选出拔尖的人才，所以选择专业还是要跟自己的兴趣、性格结合起来。俗话说，性格决定命运，这非常有道理。S·阿马里说："我们不必羡慕他人的才能，也不须悲叹自己的平庸；各人都有他的个性魅力。"最重要的，就是认识自己的个性，再加以发展。比如，我为什么最终选择了会计教育岗位？并不是因为我有什么伟大理想与抱负，而是性格决定！曾经有过许多诱惑：从政、经商、创办公司、做媒体人，后来发现，我的性格不合适。在工作中不仅没有愉悦感，而且常常觉得痛苦、不适。但是，我一走进教室，就有一种非理性的亢奋，不管多累，都能侃侃而谈，有一种莫名的欢乐。所谓乐此不疲吧！

再次，很多同学不了解会计专业，无从谈起喜不喜欢，一般考生就关注两个问题，第一前途远大不远大，第二就业情况好不好。我就简单谈谈会计专业的特质，看看你觉得自己合不合适。马克思曾经说过："经济越发达，会计越重要。"在市场经济下，会计工作已经远远不是简单的记账、算账和编报表了。美国有个CFO的网站，描述了做一个好的财务总监应该具有的十几项特质：第一，要是政治家，公司里上到核心高级管理人员，下到刚入职的一般员工，谁都要跟财务人员打交道，所以要有组织协调的能力；第二，要做增值能手，会价值链管理，在每一个环节里增加自身的价值；第三，要做"消防员"，发现哪里有现金流的危机、资金的流失，及时发现并把它消除掉；第四，要做圈钱好手，要会融资，决定公司发行股票还是债券，发行中期票据还是短融票据；第五，要当好家，资金有限，要进行资金调度，放到最急需最有效的地方；第六，要做大玩家，企业发展到一定阶段，可能要兼并收购其他公司，就需要财务尽职调查；第七，要做铁公鸡，控制好成本预算，不该出的钱一分钱都不出；第八，要做精算师，完善企业组织架构时，要考虑到国家的优惠政策，在合法合规的情况下进行税收筹划；第九，要做裁判，核算出公司内各个部门完成业绩，做好奖金绩效的公平划分；第十，要做"忽悠"高手，上下内外沟通，处理争议；第十一，要做电脑精，现在搞数字化转型，搞 ERP 流程，财务人员必须懂新兴技术。所以，财务职位对人的要求是多样的，职务空间也很大，薪酬的高低也很难说，大集团的财务总监年薪可能上千万，而大部分的小会计年薪可能不到十万。不过任何企业，无论规模大小，都离不开财务人员，所以就业的情况至少是有保证的。

这里还要补充一下，随着科学技术的发展，有人说现在人工智能、大数据已经能够把一些基本的会计工作完成了，比如自动编报表、自动记账、自动报销。然而不管人工智能怎么发达，我可以告诉大家，会计并不是机械的、精确的、一一对应的科学。所以人家问会计是科学吗？不是；是学科吗？也不是；是艺术吗？也不是；是魔术吗？大概是的。因为在从事会计工作过程中，我们拿到一张单据、一张发票，其中有很多需要判断、调度、安排的，而这些东西不是人工智能所能做的。当我们把基本规则搞清楚了以后，我们怎么来下好会计这盘棋，它需要智慧，需要艺术，需要灵感，更需要专业。这些只有打好会计专业基础，你才能做到。大家发现一个很奇怪的现象：很多人没有学过营销，能成为营销高手；很多人没有学过战略，能成为企业战略高手。但是当一个人从来没学过会计，他成为财务高手的可能性几乎为零。会计还是有一定专业门槛和技术壁垒的，你只有通过系统的学习，才能掌握会计的基本常识，才能在未来成为一个企业的财务总监。

最后，当选好志愿，确定专业之后，最重要的是，在日常工作中不仅要将专业的事业做深、做透，还要做宽、做大。围绕着专业，不断将自己的专业领域扩大，形成交叉与重叠，产生更广的视野与角度，形成新的学科与领域。本来我只是学会计专业的，后来慢慢延伸到审计、内控以及治理结构的领域中去。

无论是会计专业，还是财务行业，它的变化特别快，金融会计准则、租赁准则、收入准则随着时代的变化层出不穷，不断更新。所以在这种情况下，我们在大学读书的时候，除了要打好一个很厚实的基础，更多的是要培养逻辑分析能力、推理能力、总结能力、概括能力。毕业离校以后，一旦准则发生变化、环境发生变化，我们通过这些学习能力能够很快地掌握变化产生的根源和原因。所以大学读什么？除了读我们的专业以外，其实在大学里面更多需要一种自学的能力。我在 20 世纪 70 年代学了会计，到今天已经完全不一样了，为什么还能在大学继续讲授会计？这就靠在大学期间培养的自学能力。在这一生中，我觉得最受益的就是大学本科阶段的学习，因为它彻底改变了我人生的轨迹，知识改变命运。

因此，确定专业后，积累与坚持就是一个相当重要的原则。

上帝给人的时间很公平，如何将时间转化为有意义的人生积累与资源，也是成就你人生事业的非常重要的因素。人的一生，不能功利，不能为学而学。而是需要积累，这些积累，是相辅相成的。你付出多少，一定能收获多少。我记得有人说过，你如果不去吃读书的苦，你就要去吃工作的苦、生活的苦，会吃苦的人，一阵子吃苦，不会吃苦的人，一辈子吃苦。所以通过高考，当你们选择了会计专业以后，只要你全身心地投入，一定会享受到专业带给你的快乐。

在专业之外，我还建议你培养一些有益的爱好，这些是修养与文明素质必备的基础。例如，即使有了专业，还需要广泛地阅读，尤其是文学之类的书籍。在读书上，数量并不是首要的，重要的是书的品质与所引起的思索的程度。这是著名的富兰克林所言。培根也说过："读书不是为了雄辩和驳斥，也不是为了轻信和盲从，而是为了思考和权衡。"另一个伟人叔本华说："不加思考地滥读或无休止地读书，所读过的东西无法刻骨铭心，其大部分终将消失殆尽。"

除了阅读，人还应该有些音乐素养。贝多芬说："当我坐在那架破旧古钢琴旁边的时候，我对最幸福的国王也不羡慕。"年少时，我偶然有机会接触了一些乐器，会拉拉手风琴与小提琴，就因为这个，我进入文工团工作了八年。而这八年工作经历，对我的教师职业生涯有着潜移默化的作用，让我知道上课时，也需要节奏，更需要跌宕起伏的内容变化，而不是一成不变的表达模式。当然，所有这一切，如果要做好的话，还需要有一个健康的体魄。列夫·托尔斯泰说："一个埋头脑力劳动的人，如果不经常活动四肢，那是一件极其痛苦的事情。"因此，跑步与打高尔夫球，也是我生活中的一部分。

最后，我想对所有同学说，在专业上，我选择了会计，在工作上，我选择了教师。也许对许多人来说，这可能不是最佳选择，但对我来说，是最合适的选择。因为，我觉得幸福、快乐与满足。

热爱和责任缺一不可

钱婧（北京师范大学经济与工商管理学院教授）

从接触工商管理学科到今天，算起来已经有整整二十年的时间。我结合自己的经历和经验，和学弟学妹们分享一些心得体会，聊一聊我眼中的工商管理专业。

最广泛、最踏实、最有趣的学科

"工商管理"这个学科名，带着"管理"，听起来似乎很牛，有种一步登天，大学四年直出一个企业高层管理人才的感觉。同时，可能也带着一分心虚，有的同学会觉得这个专业涵盖面广，有点不"实"，也没有对口的垂直行业，不像学医当医生、学飞行技术做飞行员、学表演做演员。工商管理专业的毕业生去就业的时候好像还行业不限、岗位不限，这种多重选择带来的不确定性，让人多少会有一种不够笃定的疑惑。

其实，工商管理学科是目前市面上泛文科，或者说文理兼收的学科中，涉及基础学科最广泛、学习过程最踏实，也是我心目中最有趣的学科。它的底层包括社会学、政治学、心理学、统计学等多个相对基础的科学方向。因为自带情境属性，所以学科本身也很鲜活有趣。我在上学的时候，就觉得很幸福，自己学的专业知识，可以用于判断电视上报道的财经商业新闻，还可以通过观察现实生活，带着真实的问题到学校里去和老师讨论。

从实用性上讲，如果我们跳出本科四年的局限，不少人会选择在职场探索一段时间后，回学校再读一个 MBA（工商管理硕士）。MBA 之所以备受追捧，很重要的原因之一是这个硕士项目培养的是具有家国情怀和综合商业素养的职业经理人、管理者和创业者。反观本科的工商管理专业，它也并不是简单地教课本知识，而是培养学生成为商业素质高、思维宽度广的职场人。

说到这里，同学们可能也会发现，是否对商业世界充满热爱，是否有意识地去对现实世界的职场有所观察和思考，是否可以把综合的专业知识和思维，落在实际问题中去不断碰撞打磨，对于每个工商管理人来说，将会产生很大的不同。

用专业克服偏见

说回我自己，很多同学可能会好奇，我一个理科生，为什么在众多专业中选择工商管理作为本科专业，并且一路读，到任教，至今整整二十年？其实就是兴趣和幸运。当时文理分科，因为整个环境，数学比较好的同学，似乎是不被允许选择文科的，所以，我就随大流选了理科。但其实，我对生物化学的兴趣不大，对文科专业却抱有极大兴趣，很想当大学老师。于是，我就

管理学

在文理兼收的一些专业中做选择，当时去书店看了很多教科书。一本叫《市场营销》的书，吸引了我的注意，我被那些似懂非懂的概念本身深深吸引，至于为什么，我也说不清。于是就有了后边的故事，选择了商学院去读本科。当时的选择，其实并不科学，也不完备，甚至有点"傻"。家里人也没怎么干预，觉得喜欢就行，不管什么学科，都能去当大学老师。现在回想一下，实在是草率，也不知道是错还是对，但谁说"将错就错"不是一种选择？一学二十年到如今，可能全靠自己的"一根筋"和"不走回头路"的傻。这也是为什么我说是幸运，当时这个学科的社会偏见，一点不比现在少。而我是一个不信邪的人。

我的求学道路挺坎坷的。智商平平，体力也一般，坎坷求学也是正常。但我自评是个踏实和坚定的人，热爱开启了这个专业的学习，所谓"选你所爱"。但选择了之后，当中的困难是一浪接一浪，一关又一关。这时候，责任感就非常重要，甚至比热爱更重要，是它陪着你"爱你所选"。都说热爱可抵岁月漫长，但我觉得是热爱和责任可抵岁月漫长，二者缺一不可。在漫长的岁月里，艰难、苦、累、血汗、眼泪，如影随形，如果不是责任在托底，"热爱"分分钟会被"机会成本"侵蚀，而行动的难也会被"放弃"的魅惑所打败。

工商管理的专业学习，对我现在的职业也是益处颇多。大学研究的项目组很像是一个创业团队，有情怀，有产出，创始人带着一个队伍为了共同的目标努力。而学术成果和学术研究是长期积累的过程，需要有足够的时间去输入领域前沿文献，去带课题组，去进行项目管理处理同步进行的多个项目，不整合好、不科学管理，是很难有高品质稳定的产出的。在这个过程中，专业的所学对团队管理的效率和效能有非常大的助力。

很多人对工商管理专业有偏见。刚入职的时候，我观察到业界的朋友，表面对你可能很尊重，但眉宇间的神情能看出是不服的："你一个老师或者毕业生，都没上过正经的班，谈什么职场，说什么商业？"其实这个观点我不全认可，学了和没学是完全不同的，思辨着学，让观察和理论千百次地交互，再加上日子的加成，是层层叠叠的立体认知升级。这个专业的特质，就是要带着脑子和悟性，包括好奇心，在内心和商业世界中不断地"实践"理论知识。这里的"实践"包括思维的、思考的，也包括行为的。

但我们也要吸取"偏见"中合理的成分，对真实企业的走访实践，一定能促进对专业的认识。在自身多年积累的基础上，我从 2015 年开始我带着同学走职场、看商业、做案例，实访企业家、创业者和职场人。在过去的八年里，我们一共深度访谈过一百多个创业团队，三百多位中层管理者和基层职场人。在理论和实际不断交互的过程中，我对专业有了更深的认识，也在一系列的企业服务中，践行着作为一个工商管理学科学者的社会使命。这种理论照进现实，现实反哺科研，科研丰富理论的正向反馈链条，是一种幸福的奔赴，也使我的职业生涯变得更加丰盛和充满意义。

管理学

工商管理的就业范围

就像前面提到的，工商管理专业的就业范围广泛，我的学生也在不同的行业、不同的岗位认真生活着。有像我一样走上科研道路的学生，也有很多同学选择进入不同性质的组织。无论是哪种选择、哪条道路都有各种各样的困难和不易，也会有不一样的风景和成绩。

学生中和我一样选择继续读研读博，成为一名科研工作者的人不占少数。虽然毕业多年，但依然保持着亦师亦友，或是长期合作的关系。他们中很多人在本科阶段就开始参加学院科研导师制的培养计划。这就相当于"学术实习"，提前进入课题组，在这个过程中接触到组织被试、设计问卷、收集文献等内容，为未来的硕博生活打下了很好的基础。我的一位学生，现在也是我的合作者，从大二开始就很主动地预订我的 office hour（办公室开放时间），和我讨论课后阅读文献的理解和疑问，同时她还加入课题组，丰富了简历上的科研经历。有的同学，很抗拒基础、琐碎的工作，几次下来就想放弃，但她就是从收集资料、整理数据这种基础工作做起，一步步积累科研经验，最后参与到课题研究报告的撰写中。凭借着优异的成绩和科研经历，她一路硕博披荆斩棘，在研究领域完成了许多高质量的科研成果，去年我们从师生成了同事。

怀抱创业梦想的学生也大有人在。创业从来不是一件容易的事情，对越来越多的年轻人来说，与其为别人打工不如成为自己的老板。工商管理专业的学生在创业管理的知识储备上具有独特的优势。我认识的工管同学里，有一届三位志同道合的学生，还没有毕业就开始创立属于自己的自媒体公众号，为大家提供一些心理、求学、求职过程中的干货内容。毕业之后，随着 B 站、抖音等新媒体的发展，他们也抓住机会成立工作室，打造了多个有影响力的 IP 和矩阵号。最近几年他们还踏准了露营的时髦风口，线上线下联动，成为一片区域小有名气的生活方式运营商。他们和我分享，本科阶段的所学"真好用"。从人力资源课上学到的人才招聘甄选、培训发展、绩效管理、薪酬体系搭建，到市场营销课中的市场推广营销方式，到会计课中的财务管理知识，再到创业管理过程中的团队沟通、股权激励，理论与实践的结合被很好地运用到管理中去。

更多的学生成为标准的上班一族，或考公考编端起"铁饭碗"，或进入国企央企，还有的进入私企、外企，包括一些所谓大厂。他们从事的工作包括行政管理、市场营销、财务管理、人力资源管理、产品经理、媒体运营等。对于准备考公的同学来说，可以选择报考的岗位有很多，从发改委、商务部、财政部、审计署、统计局、劳动和社会保障部，到各地政府部门、地方税务局、科学技术局等，都有面向工商管理专业开放的岗位。

有的学生抱着很明确而强烈的目标来读这门专业，我印象很深的一个学生在大一开学第一次班会中，就希望未来进互联网大厂，成为运营总监。之后，她开始利用每一次学校社团提供的机会，接管公众号的运营工作，锻炼自己的能力；假期时间也努力找实习以丰富自己的经验和阅历。在增加实践经历的同时，专业的学习也丝毫没有放松，尤其是在她兴趣所在的市场营销、品牌战略、运营管理上，更是有优异的成绩。有时候我甚至都有些惊讶她是怎样挤出时间兼顾的，正是这样的努力让她拿到令人羡慕的 offer。在毕业后的第五年，我们在北大 MBA 的面试中重逢，她已经从运营助理升上到了运营总监，想要重回校园继续学习，同时积累校友资源，日后打算创业。

通过以上学生的就业经历，也可以看出工商管理专业的课程设置丰富多样，涉及宏观经济学、微观经济学、管理学、市场营销、公司治理、会计学、统计学、高等数学、组织行为学、人力资源管理等多方面的课程，学习的目的也不仅是应对考试，而是建立一种认知体系，以达成与职场和商业社会的互联互通。

学好工商管理

那怎样才可以学好工商管理专业呢？学生在学习中有两个可能的核心困难：

困难一：本科生对于商业社会和管理学本身缺乏直观的认识和理解，学习起来比较吃力。

困难二：本科生对工商管理学科的前沿研究充满了热忱和兴趣，却因缺乏相关的科研素养，不知道如何接触最新的研究文献，大多数学生并没有接触过这方面的训练，除了教科书之外，不知道该如何利用好学术资源，自主求知。

针对这两个问题，我鼓励大家从以下两个方面进行探索和尝试：

一、沉浸案例式学习，构建思维体系

在课堂上，我会将案例教学深度融入管理学课堂，以案例带动学生对知识点的认知和理解。同时，课题组长期走访企业与管理实践者进行深度交流，在案例教学时，我会将自己的感悟和观察融于课堂教学之中，以观察者的视角同学生一起领略商业社会的发展与变革。

也就是说，工商管理的学生，只有理论知识的积累是远远不够的，还要对商业世界和真实职场充满好奇心，多用自己学到的理论知识和现实生活进行碰撞和思考。最简单的例子，消费者点外卖，会跳跃在各个平台之间，比较配送费、打包费、优惠券金额，最终下单吃饭；但作为专业的学生，就应该多想一些，这些平台背后的运行逻辑是怎样的？为什么多家竞争的结果，是留下了两家最常用的外卖平台？新闻上总说，骑手怕不准时配送所以拼命奔跑，他们的职业激励机制是什么？为什么造成现在这样一种现状？除了惩罚之外，有没有更好的手段？这样的机制还被用在哪些行业？这些行业是否有共性？如果让你给平台高管提三个意见，你会提什么？你觉得这个行业竞争激烈吗？小哥之间是"相亲相爱的一家人"吗？

在过去三年特殊的背景下，很多知名的餐饮企业的净利润都要比上一年度有跳水式下降，以优质服务著称的海底捞披露其2020年业绩更是比上一年度下降了约90%，除去商业环境的客观因素，这种现象背后的逻辑什么？其之前引以为傲的服务被很多人吐槽是"过度服务"，它在模式上是否有可以改进的空间？抛开优质服务，在市场推广上，它还有哪些可以突破的点呢？大家都可以做一个思考，做个"有心人"去学习。从这些思考中，可以逐步检验，自己作为一个"科班出身"的学生，是不是具备了深入思考现实问题的意识和能力。

同时我鼓励大家可以将自己看成一个组织去经营，在学每门课的过程中，去认真思考自己的人生目标和愿景是什么，怎么去运营好自己，如何既达到组织的目标，又实现对社会的贡献。除此之外，也可以利用在校期间的寒暑假，或是空闲业余时间，有

管理学

意识地接触企业，做一些现场调研或者实习，从第一视角看职场和商业。这种近距离的接触，不仅是简历经验的积累，更是一个检验和实践所学知识的过程，当知识落到实处的时候，也可以加深对于理论的理解。同时，实践的过程也是一个低成本试错的过程，同样的岗位放在不同的行业也会带来不一样的体验和感受，当你以为的热爱落到实处时，可能会发现想象和现实的差距，通过不断地实习，在毕业做选择的时候，不同的职场就不再抽象，更有助于自己的选择。

二、前沿入门学习，形成个人特色

我在教学中，会将工商管理学科的科研入门技能融入日常教学，培养学生查阅前沿科学文献的习惯和能力，学生通过研究理论的发展以及演进，可以用延展的视角，对教科书上的理论线形成更深刻的理解。同学们在学习的时候，也可以有意识地去培养这个能力，这不仅仅是一个学生能够更立体地了解自己专业的机会，同时也是潜移默化地累积核心竞争力的机会。四年以后，站在一众学子中，在考研、保研的面试中，你将与众不同。

掌握学术技能就开启了一个神秘的大门，你的知识输入就不仅仅是教科书，还包括自己领域通过严格遴选体系筛选而产生的学术影响较大的期刊，像是主流的国际核心 SCI、SSCI 等，国内受认可的南大核心（CSSCI）、北大核心等，收入其中的期刊可以说都是各专业最具创新性和代表性的。对于工商管理专业来说，国际上《美国管理学会学报》《美国管理学会评论》等，国内的《管理世界》《南开管理评论》等顶级期刊，都是大家输入的非常好的途径。

不少人误认为工商管理是个"文科"专业，所以数学不重要。但事实上，这个专业既文又理。文，就是大家心中理解的有很多专业性的概念、理论模型需要熟记；而理，是这个专业往上做的时候，会涉及很多定量的研究。像我本人做的科研就是定量的科研。我的研究和心理学高度交叉，比如最近我们有一篇发表在《应用心理学》期刊上的文章[1]，就从十分微观的视角，探讨了困扰大多数人的难题——拖延，是如何通过影响个体的认知、情绪，进而对个体的日常睡眠质量产生影响的。我们的研究结果发现，日常拖延会导致个体深陷自责，进而"偷走"日常工作生活能量的重要来源，即高质量的睡眠。更有趣的是，这种负面影响，对于工作自由度高的个体来说更为严重。这是因为自由度高的"代价"之一，是个体需要对自己工作结果的好坏负有更大的责任。这个研究"理"的部分体现在我们运用多种统计学的分析方法，包括相关分析、因子分析，以及跨层次回归分析等，处理了来自二百十三名职场员工连续十天每天测量三次的日常数据，对研究中提出的假设进行了验证。举这个例子，是为了让同学们展开想象力，前瞻着看这个学科。它既有趣，又具有丰富的延展性，远远比看起来更有内涵和质感。

既然说到文献，就不得不提醒同学们一句，在学习的过程中，良好的文献查阅和写作能力是至关重要的，就像在前面和大家谈起大学老师这个职业时我提到的，除了平时给学生们上课和正常

管理学

1　Song, B., Wang, B., Qian, J.*, & Zhang, Y. (2022). Procrastinate at work, sleep badly at night: How job autonomy matters. *Applied Psychology*, 71(4), 1407–1427. https://doi.org/10.1111/apps.12363

的休息时间外，我的很大一部分时间都会花在文献研究上。一篇好的论文发表的基础，是在文献阅读过程中形成一个良好的"审美"，这样你在落笔的时候就知道如何去做好。而看似枯燥的文献阅读过程，使我们对综述性文献的合理运用可以达到事半功倍的效果。另外，对文献查阅工具、思维导图的运用也可以提高文献阅读的效率。在这个积累的过程中，构建一个自己的文献体系，对后续的研究和发展有很好的帮助作用。在我们的本科同学中，几乎所有人都有过科研经历，我们的学院也从大学二年级开始就提供一系列的导师制项目，鼓励本科生去做科研，积累科研经验，甚至是科研发表。目前我的课题组，就有三成是本科的同学。

那么，学习这个专业应该具有怎样的特质呢？我觉得兴趣一定是放在第一位的，如果没有兴趣作为支撑，大学四年的时间一定会变得煎熬。如果你不确定自己是否真的有兴趣，那不妨做一个小测试：打开一本现代管理学之父彼得·德鲁克的书，测试一下自己的心跳，看看是否觉得好玩有趣，是否觉得激动好奇，有没有再看一本类似的书的想法，或者说至少要看着不排斥。这绝对是一个判断你的兴趣是否在此的方法。

其次要够勤奋，要耐得住寂寞，我相信无论是学什么专业，这点都是必要的。哪怕是本科学习，课程内容也并不轻松，各科目下也有需要阅读的文献内容，要想在专业中取得良好的成绩一定要付出更多的努力，甚至有些学生会觉得本科阶段的学习任务要比高中更加繁重。再有就是学习的自觉性。大学对于很多人来说，脱离了学校和父母的督促管教，放飞自我在所难免：作业留到最后写，考前临时抱佛脚，宿舍窝着不上课不出门，夜里打游戏早晨起不来。大学，就是成人化的过程，我们会看到成人世界的多元，接受而不趋同，利他而有自我，是每个成年人的必修课。最后就是思考和思辨的能力，工商管理专业是一门动态发展的学科，可以梳理出商业管理发展的清晰脉络，在学习的过程中需要大家融入自己的思考，培养自己的批判性思维。在生活中，通过问自己一些关键问题来挑战自己的思维和观点，同时，不断地在第一视角锻炼自己商业和职场模拟决策的能力。

总的来说，工商管理是一门具有深厚宽广的理论基础，但并不局限于课本和理论的学科，它有一定的专业实用性，与实际结合得很深，这也就意味着无论是在深入研究，还是综合就业方向上，都会有较好的发展。工商管理专业所学的专业知识，并不是非黑即白的道理，组织中的人是多变的，是不确定且难以量化的影响因素，因此与其说学习到的是手段方法，不如说是一种全新而通透的对商业世界和职场的思考。

当然，在这里我是处在一个"过来人"，或是说一个身处其中的视角，和大家分享一些我对于这个专业的理解和思考，努力去破除一些"传言"，为犹豫不决的同学提供一些参考。填报高考志愿是一次重要的选择，但不是唯一的一次，纠结不安、选择困难都是很正常的，让热爱和责任陪我们走过岁月漫长，希望以上的分享能对你有所启发。

管理学

管理学专业学生访谈

取景框看世界

Porter ｜ 管理科学

我本科毕业于复旦大学管理科学专业，研究生毕业于复旦大学国际商务专业，目前在一家证券公司从事金融方面的工作。

管理科学专业会学习哪些内容？

整体来看，管理科学是一门知识比较宽泛的学科。首先，它包含了管理科学的专业基础知识，同时还会学习到金融、财务、会计、市场营销等其他不同方向的专业课程。在选择了自己的专业研究方向后，会进一步学习更深入的研究性课程。但总体来说，管理科学是一个偏定性的、没有标准答案的学科。

总的来说，选择学习管理科学的同学们首先应该对企业运营、市场经济等有一定兴趣。当然，这些专业技能的知识可以通过后期的学习来养成。其次，这门学科更偏好性格外向的学生，因为管理的课程通常会有讨论课程，在后续的工作中也需要很多与人沟通的技巧。

管理科学专业的就业方向是什么？

管理科学并不是说毕业后就能够进入公司管理层工作，这是一个误区。对于优秀学校的管理科学专业的学生，未来的就业方向主要还是金融领域。对于普通院校的学生来说，我个人不太推荐选择管理科学专业，更推荐选择一些更具实用性的专业，例如计算机软件工程等。

小汤｜信息管理与信息系统

我毕业于复旦大学信息管理与信息系统专业，现在在互联网行业做产品经理。

信息管理与信息系统专业会学习哪些内容？

在中国的不同高校，信管专业的方向是不尽相同的。以复旦大学为例，它的信管专业归属于管理学院，因此其课程主要涉及商科相关的内容，如宏观经济学、微观经济学、运筹学等商科基础课程。而在其他学校，信管专业可能会与计算机学院关联更紧密，因此学习这个专业的学生也会学习一些计算机相关的课程，比如信息系统分析与设计、数据库的基础知识以及商业智能等。

信息管理与信息系统专业的就业方向是什么？

信管的就业方向非常广泛，我们这届同学涉及了代码开发、产品经理、咨询和战略方向等不同领域。个人而言，我还是比较推荐现在从事的产品经理工作。

管理学

271

现在，互联网行业非常热门，产品经理是一个非常重要的角色。他既可以通过与业务方的沟通来梳理需求，也可以与研发团队合作，具体实现某项产品或功能的落地。因此，产品经理在互联网这个行业中具有长期存在的重要性。

胖丁｜市场营销

我本科毕业于复旦大学市场营销系，目前就职于广告代理公司电通集团。

市场营销专业会学习哪些内容？

市场营销专业的学习内容，可以分为三类。第一类是经管类的通识课，如数学分析和概率统计，以及计算机课程，我们可以选择 Python 或 C 语言。Python 对于学习和工作都更有帮助。第二类是市场营销的软技能课程，包括品牌管理、消费者行为学和营销渠道管理等。第三类是市场营销的硬技能，如统计软件 R 语言和 SPSS。SPSS 是一个功能全面且操作简单的统计软件，在市场分析和研究中非常有用。

市场营销专业有什么素质技能要求？

首先，与人沟通的能力非常重要，无论是与同事、客户还是媒体的沟通，都需要良好的沟通能力。

其次，你需要时刻保持好奇心和对行业的热情。市场变化快，你需要不断学习新知识，与市场保持同步。

最后，抗压能力也非常重要，因为你可能会遇到客户的挑战或媒体的突发事件，需要快速处理这些问题，因此需要具备抗压能力。

市场营销专业的就业方向是什么？

市场营销工作大致可以分为三类：甲方客户公司、广告代理公司和各大媒体网站。甲方客户公司包括热门的快消、互联网和游戏等行业，这类公司通常比较看重个人能力和实习经验，进入门槛较高。但是你可以选择从第二类乙方做起，比如广告代理公司，我目前就在电通集团工作。在乙方工作 2—3 年后，你会积累一定的人脉和工作经验，个人能力也会得到提升，然后可以跳到甲方公司工作，这也是一个不错的选择。

Victor ｜ 会计学

我毕业于复旦大学会计学专业，后加入四大会计师事务所，目前任职于金融企业的内部审计。

会计专业会学习哪些内容？

会计专业的知识主要可以分为三块。第一块是经管类的基础知识。第二块是会计专业的基础知识，例如复旦的会计学原理、中级财务会计和高级财务会计。会计学原理主要讲述一些原理上的基础内容，如借贷必相等、资产负债利得损失等概念；到了中级财务会计，就会讲解一些细节化的各个会计科目的处理方法；而高级财务会计主要讲解合并财务报表的相关知识。第三块是会计衍生课程，包括审计、经济法、税法和国际会计准则相关的知识。审计分为内控审计和财务报表审计两块，经济法主要涉及公司在

管理学

273

经济运行过程中的法律，如公司法、证券法和合同法。税法主要讲解企业在会计处理中涉及的税种，如增值税、企业所得税和印花税等。国际会计准则这门课程主要对比中外各种会计准则的差异，例如中国企业会计准则和美国通用会计准则（United States Generally Accepted Accounting Principles，缩写为 US GAAP）。

会计专业的就业方向是什么？

有四个主要的职业方向与会计相关。

第一个是进入企业从事会计工作。这个方向适用于所有学历层次的毕业生。企业的财务工作非常多样化，通常按照会计学科来分类。例如出纳、应收应付会计、预算决算专员、费用专员和税务专员等。这些岗位的工作通常比较专业化，需要进行重复性工作。这种基础的会计岗位晋升路径通常比较单一，通常从基础会计岗位晋升到财务总账。财务总账扮演一个总揽会计处理全局的角色，负责结账等事宜。之后，晋升的方向可能是财务经理，担任整个财务部门的管理角色，并与公司的业务部门进行沟通。

第二个主要职业方向是进入会计师事务所，可以选择从事审计或税务工作。这些岗位的晋升路径通常比较清晰，例如每年晋升一次。审计涉及面较广，需要从总账的角度审查公司所有账目，对个人的培养非常全面。税务工作通常比较专业化，主要为企业提供税务咨询服务，以避免一些企业纳税合规性的问题。

第三个职业方向是金融行业，总体上对你的学历和会计基础知识要求较高。

第四个职业方向是报考公务员，从事与会计和税务相关的工作。例如，公安经侦大队对有财务背景的人员有一定的偏好。

274

⑫

艺术学

艺术学理论类　音乐与舞蹈学类　戏剧与影视学类
美术学类　设计学类

自由、丰富和实际的艺术史研究

陈传席（中国人民大学艺术学院教授）

如果你没有社会背景，读书、学习、考硕、考博、吃苦，便是成功的最好办法。

——作者题

艺术史研究什么

艺术史研究是一个自由、丰富、有趣和实际的专业。

自由：不需要造计划、报批和上级支持，只需自己选一个感到有意义的题目，自己去查找资料、写作。完成后，发表、出书即可。我从事艺术史研究以前的工作，做每一件事都得先写计划，报基层领导通过，再报上级批准，不批便不能做。批下来之后还要给你划定范围，再时时上报。当然，这对一个严谨规矩的人是很合适的，而我是一个好自由、怕限制的人。

有趣：你觉得这一件艺术品很有趣，你研究起来也有趣。比如你研究《西园雅集图》：哟，这是苏东坡，他是长胡须，戴一顶高帽子；这是米芾，疯疯癫癫的；这是王诜，驸马都尉。呀，他的服装不对，宋人没有这个服装，这张画是后人伪造的。这个《夜宴图》也不是五代人画的，因为桌子上摆的酒壶，是北宋后期才有的。徐州造了一座刘邦骑马的大雕像，刘邦两脚伸进马镫子里。不对，汉代人骑马没有马镫子，晋朝后期才有马镫子，而且只一面有。有的画家画老子骑青牛。不对，老子时代，牛、马只可拉车，人们还不知道牛、马可以直接骑。老子当时是坐在牛拉的车里的，战国后期才知道牛、马可以直接骑。还有，这张画虽然是大画家画的，但画中服饰、车子都不对，帝王时代，什么样阶层的人穿什么衣服、什么颜色、坐什么车子，都有严格的规定，错了要杀头的，甚至会被灭九族……这些你不学艺术史就不知道，知道了就觉得很有趣。

情感：你研究哲学史、文学史，面对的是文献资料，是书本，是杂志，那上面的文字是后人排印出来的；但你面对一件艺术品，比如这是苏东坡的画，这是石涛、八大山人的画，都是这些名家画出来的，上面有他们的笔迹手痕，你会感到很亲切。这是某名家或某名媛常戴的玉，你再看到它时，感觉也是不一样的。

真切：面对一件艺术品，查看有关文献记录、文字记载，和实物相对，你会感到很亲切。从事艺术品收藏的人都有一定的研究，他的知识比不从事收藏的人要丰富得多。而且科学研究发现从事收藏和研究的人，都相对健康和长寿。

实际：这个问题有点俗，但也很现实。从事艺术品研究的人，只要真正研究深透，没有贫困的。我的一个学生，本来资质平平，他后来研究玉器、翡翠等，曾向我请教，因为他专，后来鉴定水平远远超过我。二十年前，他见到我时，马上派人飞往武夷山买新鲜蛇胆给我吃。我问他哪来的钱，他说买玉、卖玉赚的。他当时已买了两座大楼，还赞助了地方的教育事业，救助了很多贫困儿童。他还应邀到日本东京和中国台湾去讲学。另外一位拜我为师的学生，读初中时父亲去世，为养活老母辍学，以卖茶叶、帮人裱画为生。受我影响研究绘画史，先是读我的书入门，后来更具体地研究，能辨历代艺术品真伪优劣。他现在在北京建造了一大片庄园，艺术收藏品据说价值达十亿，家中悬挂古代名人字画，园中放置汉、魏、唐、宋、元、明、清历代的石狮子、石虎、石羊等雕塑。他还出版了好几本专著。虽然只有初中学历，但他的知识面已超过了很多博士。比如收藏明末清初大文学家吴伟业的书法作品，他就要研究吴伟业；收藏清初大画家戴本孝的画，他就研究戴本孝和明末清初的历史。渐渐积累，知识就增多了，加深了。

至于研究艺术史对社会和世界文化发展的贡献，对文明、对人的修养的提高的意义，那就更大了，这里暂时不讲，留待以后专论。

当然，研究艺术史还有很多意义，知识改变命运，如果你没有社会背景，读书、学习、考硕、考博、吃苦，便是成功的最好办法。

下面介绍一下我的经历和学习艺术史的有关问题。

我与艺术史研究

我的家庭祖上都不画画，也更不研究艺术史。父母是老革命，抗战时期就是党员，一辈子想的是富国强兵，故十分反对我画画，经常说："画画能把国家画强大吗？能打败侵略者吗？"小学有图画课，我的画最好，每次都被老师挂在墙上供同学欣赏，我也就对画画有了兴趣。但我并没有认真学过，更没有上过绘画培训班之类。父亲支持我读书，小学时，四大名著我都读过，有的都能背诵。

那时政治运动多，父亲经常遭到错误的批判，我看了难过，十一岁便独自一人跑到外省（安徽）去读书（初中），不再回家。安徽饥荒严重，我经常看到很多人正走着路就倒在路旁。饿死的人，几乎是前面肚皮贴在后腰。我也几次饿昏过去。没有力气去打球、玩耍，就卧在床上看书。中学有图书馆，一次可以借几本书。有时一天就读完一大本书。像《论语》《诗经选》《老子》这类书，一般说来并不能吸引一个小孩子，但我知道这些都是十分重要的著作，所以就对着注释读，并背诵。在我印象中，一个人从十岁到十六岁这期间读书最重要。可惜我读初中时，因挨饿，很少去上课，又加上校长要和农村的生产队搞好关系，经常把老师和学生赶到农村去为生产队干活。因为牛都饿死了，所以叫我们去拉犁耕地、收割等。到了初三时，学校为追求升学率，一方面把学习差的学生赶回家，不让他们参加考高中的全县通考，另一方面又给成绩好的学生加餐，让他们考出好成绩。我虽然挨饿，很少去上课，但因初中课程简单，看看也就懂了。每次考试，我都是前几名之一，学校便给我加餐。有了饭吃，成绩就更好了。记得有一次数学竞赛（全是难解之题），我因病卧床，班主任老师告诉我四个班的学生都在考试，考试时间已过了一半，叫我好好养病，不要去考了。我听后强撑病体，坚决要求去考。

艺术学

到了教室，离考试结束还剩不到一半时间。我做完了全部题目，最后两题只要求选做其一就行了，我也全做了。考试结果，我得了120分，第二名得了20分，其余133人都是0分。校长和教务主任十分高兴，又为我在教师食堂开小灶。初三时，我十分得意，学习教材内容之外，又开始到处涂鸦。记得新建的一个厕所被我用粉笔画满了画。当时有一位图画老师很有知识，他是被下放到中学教书的，便教我作格律诗、辨平仄、填词、对对子等。

安徽的教育比较落后，每一个公社（现在的乡镇）有一所初中四个班，一个县只有县城有一所高中三个班，大约四十个初中生里才能有一人考上高中。我考上高中那会儿，社会上的饥饿问题已大部分改善，学生们可以从家中带些干粮。但我因为不回家，靠拔草、扛砖等维持上学，上课时便挨饿，大约因为正在长身体，缺少饭吃，饿得眼前时时冒金花，甚至阵阵发黑，趴在桌上不能动。老师讲课，一句也听不进。因为饿得太厉害，书也读不进去，成绩也差了。我从小学到初中，成绩一直在班里拔尖，大多是第一名，高中一年级时，成绩却下来了，十分痛苦。

高中一年级，我认识了一位诗词书画及武术、医术样样高明的编外老师。我向他学诗词，他说我身体太差，还是学画好，可以养生。于是我便在他的指导下临帖学书法，学花鸟画，后改学人物画。十六岁下放农村当知青，我身上带有很多书，主要是古籍，有空就读先秦的文献，汉唐宋元的文章、诗词等。读古籍是我的癖好，不读受不了。

招收工农兵学员时，我因为要"实业报国"，便进入淮南煤炭学院学习机电专业。毕业后被分配在淮北煤矿当工人，当技术员。当时要技术革新，发展生产，有了想法必须报领导批准。但矿长、书记都不识字，要给他们讲半天，才盖上一个章，算是批准，很不自由。因为我能画点画，市里经常调我去市美术创作组创作参展绘画作品，因此又画了不少画。后来"评法批儒"斗争时，又调我去把法家著作译为白话文。恢复高考及研究生招生后，我先是报考工科，考数学、外语、机电知识。考上后便去学外语，准备出国留学。学了不到十个月，我想留学回来后，还是要到煤矿去，事事向那些一字不识的领导请示，太不自由。我想选择一门职业，不须请示便可从事。我古典文学基础较好，又会画点画，便决定去考美术史研究生。那一年只有南京师范大学招美术史研究生一人，考外语、政治、古典文学、历史、美术史。我报名后取得准考证。我看了大约一周美术史的书，又画重点，又背诵，便去考试。外语是不成问题的，古典文学、历史，我平时自学很多，也不成问题。后来就考上了，据说我的古典文学考了 100 分（满分），外语全国统考，也是全校第一名，全省前几名之一。从此，我便开始了中国美术史的研究。

南京师范大学，始于清朝的两江师范学堂，后来并入中央大学，新中国成立后又分出为师范学院，后改名师范大学，藏书十分丰富。我在那里读了很多书，我发现很多名家甚至大权威写的书，错误很多，尤其是对最重要的六朝画论，大多理解错了。什么"澄怀观道""以形媚道""卧游""神超理得"，等等，有的理解错了，有的不理解。其他的错误也很多，有的很简单的问题都弄错了。比如明代画家仇英只活了五十岁。文献上说"仇英知命"，一位 20 世纪的大权威说"知命"讲不通，应改为"短命"；另一位理论界大权威，还写文章说明"知命"讲不通，知和短二字形近，可能是印错了，故应改为"短命"，美术界都一致认可。

艺术学

其实"五十而知天命","知命"就是五十岁，改了反而讲不通。无故改字、空言翻案是做学问的大忌，这怎么能不知道呢？

读研期间，我就写了一本《六朝画论研究》，现在已再版二十六次，全世界研究六朝艺术史的学者，鲜有不引用我这本书的。从读研后期始，我就不停地在上海、北京等重要刊物上发表论文，都是投稿，没有任何关系。包括《文物》那样高层次的刊物，都多次发表了我的论文。那时研究生毕业者十分稀少，我毕业后被分在安徽省文化厅工作，又组织了中国美术界第一次国际学术研讨会，又组织全国三十六家博物院的藏品联展，影响很大。我的书出版后，美国一家大学便邀请我赴美任他们的研究员，那时我才三十多岁。回国后，苏联一位著名学者便投在我的门下，学习中国艺术史，以后我又专心研究中国艺术史。

学艺术史，先学好古文和外文

我的求学经历遇上了特殊时期，与当下的学校学习环境大不相同，但是对于想学习艺术专业的同学而言，我想还是有可供借鉴之处。艺术史研究是一门研究型的专业，而做研究、研究新问题，除了专业学习，在我的经验看来还少不了文学积累。

首先，我的古典文学基础很好，也全是自学，主要是读书，读古典文学作品。读史，这是我的癖好，不读难过。二十四史，特别是《史记》我都反复读过。十三经中重要著作《论语》《孟子》《尚书》《诗经》也都读过。《老子》《庄子》大多能背诵，唐诗宋词、明清小说的名著，大多读过。有的读得很细，比如《论语》第一篇《学而》："子曰：学而时习之，不亦说乎？有朋自远方来，不亦乐乎？"所有的解释，"说"和"乐"都是高兴的意思。但二者是有区别的。"说"是内心高兴（读书，内心高兴即可）；"乐"也是内心高兴，但要表现出来（见到朋友来了，光内心高兴还不行，一定要表现出来）。我曾出题考博士报考生，问二者区别，无一人答得出来。清楚了"说"和"乐"的区别，古文献中何处用"说"，何处用"乐"，就一目了然了。

对古汉语的学习让我能够自己查证学界说法。比如，国内及日本的研究名家，都一致认为谢赫和张彦远"几乎把顾恺之推崇到最高境地了"，"张彦远谓顾恺之是……最杰出的画家"。但谢赫《古画品录》把顾恺之列为第三等画家，并说他"迹不逮意，声过其实"。即是说顾恺之的画迹达不到他要表达的意思，他的名声超过了他的实际。列为第三等，这就很低。而张彦远说："详观谢赫评量，最为允惬。"张彦远是赞成谢赫把顾恺之列为第三等画家的。这哪里有"推崇到最高境地"呢？我看了一遍就清楚了，而一百年来，国内外的研究名家都看错了。再如《古画品录》中有"时有合作，往往出人"，这个"合作"是合于法度的优秀作品，却被很多权威解释成几个人共同创作，把古代的词当作现代词来看了。

《中国山水画史》也是我上学时写的，毕业后又整理了一下。大家都说我开了绘画分科画史的先例，是独创。其实我主要是借研究中国山水画史重新审视中国的传统文化。这本书已27版，并被译为多国文字，其传统文化的基础也是我考前的基础。

因此，也想从事中国艺术史的学习和研究者要注意：一、必须先具有较深的古典文化基础，古汉语的基础必须有。比如

"字"，本义是生孩子，《易·屯》中"十年乃字"是十年才生出一个孩子，不是十年写字。比如韩愈说的"头童齿豁"，童是头秃了，不是儿童。比如"诲女知之乎"，这"女"念"汝"。比如"承平"是国家长期没有战争，比较平静，近于太平的意思。一位从国外留学回来的大博士担任重要职务，把"承平"解释为承担平常的工作，这就闹笑话了。古汉语不精，你看不懂文献资料，只能人云亦云，永远无法深入研究。二、必须深懂中国的历史。艺术史是历史的折射，不懂中国历史，永远无法理解艺术史。比如，汉代艺术以画像石、画像砖和隶书为主，这都是汉代"以孝治天下"的结果。汉武帝提出"罢黜百家，独尊儒术"，孔子曰："昔者明王之以孝治天下也。"所以汉代要以孝治天下。孝，即孝敬父母，生前要照顾好，死后要厚葬。所以汉武帝之前，世界上没有画像石、画像砖，坟前也没有"树碑"。我们现在见到和学习的隶书书法艺术，大都是出自孝子为父母立的碑，以前是没有的。因为厚葬，所以才有了画像石、砖，坟前立碑，记录父亲的功德。东汉的画像石、砖和石碑又特别多，因为东汉第一代皇帝下诏曰："世以厚葬为德，薄终为鄙。"任何人家中老人死了都必须实行厚葬，这是国家政策规定。所以东汉画像石、砖和汉碑隶书艺术品最多。但到了曹操当政时，画像石、砖和石碑一件都没有了。因为曹操主张起用那些"或不仁不孝，而有治国用兵之术"者，所以他反对以孝治天下，更反对厚葬，反对把钱花在死人身上，要用于战争，所以画像石、砖和石碑都没有了。如果你不懂历史，便无法解释这些现象。

避讳知识，这是必须知道的。比如汉初有一位著名辩士叫蒯彻，因武帝叫刘彻，后改名为蒯通。比如汉高祖叫刘邦，后凡邦字都改为国字。孔子弟子薛邦，后来都写作薛国。你看到蒯通、薛国就应该知是蒯彻、薛邦。再比如清初大画家弘仁，清乾隆时的书上写作宏仁，有的学者认为写错了，有人认为不是画家弘仁，其实是为了避乾隆帝弘历的讳而改的。譬如唐李世民当政时，凡民字都改为人字。汉朝文帝刘恒之后，凡恒都改为常、嫦。你看到文献有常娥、嫦娥，就应该知道和更古的文献上的恒娥是一个人。凡是书画作品中不知避当朝帝王讳的，可能都是伪作。还有避家讳，比如某名家的父或祖名字中有"览"，他在该用览字时，必改为读、观。如果仍用览字，可能是伪作。避讳是十分麻烦的事，但利用避讳能鉴定很多文献的时代和真伪，却又是一件好事，必须知道。

异体字和通假字，这是十分具体的事，要完全知道必须花很多精力，但常用的异体字和通假字要知道一点。还有明清时文人为了显示自己博学多知，把秦始皇时期就废弃的六国文字也拣出来写在画上，或刻在书中，这就更麻烦。但有专业的工具书，可以查考。不过，现在的工具书都不理想，用时还要考证一番，考证的功力更必须有。

旧体诗词格律也要懂一些，能写格律诗更好，如不能写，也要懂格律、辨平仄、知音律等。比如有一位朋友买到一副清代名人联，请我一起去欣赏。我看了后说："这可能是一副假联。"因为对联最起码的常识是仄起平收。而这副联的落款却在仄起联上。对于旧时文人，这是最简单的常识，名人联根本不会如此。他又找人重新鉴定，果然是假的。

外文，我小时候教育条件不好，小学、初中都没有外文课，高中才学了几个月英语就停课了，后来我到美国又学了一点。但

艺术学

我考研之前，年近三十，去学了日语，学了大约十个月，回来后又自学一些。当时读写译（日译中，中译日）都完全可以了。像日本名著《源氏物语》我就能流利地读出来。大家都说我的日语比汉语标准多了。那时日本很发达，世界上凡是有价值的文章，都有日文译本，能看日文就可以了。我考硕、考博、评副教授、评教授都用日文，考的都是第一名。但年龄大了，学得快，忘得也快。忘了和未学不一样，恢复起来仍很快。学者必须通一门外语，一定要在年轻时学习。

外文、外语，通得越多越好。但人的精力有限，学得太多，也不现实。世传陈寅恪精通二十门外语，这完全不合事实。其实陈寅恪只"略知德语"。据一位教授说，清理陈寅恪遗物时，发现他有两个笔记本，是他从德国留学回来后继续学德语的本子，从上面看出来，学的仍是简单的单词。其他则没有见到他有懂外语的迹象。有一个事实，即他的所有论文和著作中，都没有用到一处外文，回国后也没有一个人听他讲过德语。

如果你有外语天赋，不妨多学几门外语。如果你没有太多的外语天赋，现在最好学一门英文，英文用处还是大些。何况考本科、考硕、考博和晋升职称，都必须外语过关。所以必须学好一门外语。现在教育界又把外语标准放宽了，这是错误的。外语必须加强，但专业要更强。

要学习和研究艺术史，基础知识还有很多，但最重要的就是古文和外文两门知识。古文（古汉语）好，外文好，其他的问题都好解决。

当然，这一切都是为研究艺术史服务的，懂得艺术更是根本。如果读研究生，你的外文和古汉语知识太差，临时补学，那是很困难的，不是一两年能补上去的。但有了以上的基础知识后，在老师指导下，在理论指导下，经常看艺术品，如果你有悟性，水平渐渐提高则不是太难的。

绘画作为志愿

叶剑青（中央美术学院壁画系教授）

从原始社会开始，绘画就显示了人类的生存意志和对于大自然的原初理解。绘画不仅增加了人类感知世界的广度和深度，也让我们收获了那些平凡或者艰难世界中的美好，就像柏拉图说的："对美本身的关照是最值得过的生活境界。"

但是艺术卓越的光泽不是轻易就能被无视、无趣、无知的眼睛接收到的。优秀画家总是对世界有着不一样的看法，这样的绘画也使我们窥探新世界多了一条有效的途径。英国的美术史论家里德说过："整个美术史就是'看的方式'变化的历史。"

杰出的绘画依托的是一个强大的文化系统，画面背后隐藏着巨大的文明成果，这样的系统愈有力愈完整，冰山一角的呈现就会愈夺目。中国的绘画历史中，有一种不同于西方透视法的观看方式，是属于东方人的独特感知方式，这些文化脉络里面包含着一个非常强大的系统。

我学习和创作绘画的经历

我从小时候起就喜欢绘画，多年以来一直没有停止过这样的一份热爱。我的绘画理想是从孩童时期就埋下了种子。

和中国大多数美术爱好者一样，我的学画过程最早是从自学国画开始的：我临摹《芥子园画谱》，画梅、兰、竹、菊。江浙一带有很浓的传统文化气息，同时，宁波港一带又能较早地接收到一些外来的信息。因此，我从中学开始画一些有现代主义色彩的作品，这也顺理成章。

考入美院之前，我曾在杭州的各个画室之间穿梭，这样的学习过程是大多数艺术类考生的经历。我也在这些貌似枯燥的素描、色彩训练中，找到了一些既往的乐趣，可以长时间沉浸在笔触、线条和颜色的变化过程中。同时，杭城书店中那些琳琅满目的中西大师画册，常常令我驻足停留，这些也持续发酵着我对于绘画的热爱。

之后，我有机会来到浙江美院（现中国美院）进修，接触到了一些优秀的老师和学长。同学们可以有时间和闲情来读书和讨论艺术问题。那个时候西方思潮对中国的影响很大，大家经常会提到有关尼采的话题，比如"上帝死了"的说法。二战以后，西方旧有的价值体系和信仰体系在崩塌，大家试图寻找到一种新的世界秩序。关于艺术界，也就有了丹托的"艺术终结论"，新的思潮认为传统的艺术将要在哲学那里得到终结，一种新的、纯粹思想形态的观念艺术要取代之前的绘画和雕塑。在欧洲，杜尚和博伊斯这样以观念为主的艺术家有了应时而生的土壤。这些艺术家对中国产生了深刻的影响，学院里也弥漫着激进的前卫气氛，美术界有了相应的"中国画死亡论"和"反绘画"的论调，在某种程度上回应了来自欧美的文化思潮。一些同学开始放下画笔，做起了行为艺术或者观念艺术，或者拿起摄影机和照相机来代替之前的油画笔或者毛笔。美术界经常会听到如何去创造一种新的艺术的论调——虽然若干年过去了，并没看见有什么新艺术语言的出现——但探索的习惯和自省的态度，却在一拨人中形成了风气。

我在杭州两年多的学习经历，为我日后的绘画道路植入了一些南方特有的基因。填报志愿时，北京热闹非凡的文化景观和艺术信息同样吸引着我，其作为中国文化中心的特有魅力也在发出召唤，一些同学相邀报考这座历史悠久的、位于京城王府井旁边校尉胡同里的美术学府。

之后，我有幸如愿考入了中央美院的壁画系。北京不像杭州那么悠闲，这里少了江浙一带的田园风光，感受更多的是急促、突变的都市化环境：高楼、工地、城墙、胡同、京腔、移民、车流、堵车、民工……构成了我最初的北京印象。

在这个阶段，我的学习和实践包括两个方面。一是对于中国传统壁画的考察和研究。比如，在来京的第一年暑假，我有幸参与了河北湾漳北齐壁画的现场临摹、复制工作。在面对那些恢宏震撼的古代壁画的原作时，我真切地体会到中国古代绘画所能够达到的总体上的感染力。

那种从未有过的壁画景象把我们的思绪吸引到了北齐——一个短暂而动乱的朝代，却有着如此元气充沛的宏伟壁画。画面饱满有力，形体夸张简练，满墙线条刚劲挺拔、游刃有余。这样自信肯定、飞扬精绝的墨线和造型，在日后的壁画历史中也鲜有出现，这是一种特殊历史条件下的独一无二的绘画存在。

后来，我又来到了敦煌进行考察。盛期的敦煌，其艺术已臻完美，构图处理巧妙而大胆，人物造型严谨而生动，墙面和洞窟设计别具匠心，各个时代侧重和突出又多有区别：唐凿洞窟布局庞大，结构复杂，人物众多，造型也华丽饱满；而北魏壁画，人物造型坚挺瘦长，作"瘦骨清像"，注重精神的气质。在第254窟北魏壁画《萨埵太子舍身饲虎图》中，那些浓烈夸张的造型和色彩，把佛教故事演绎得引人入胜、震撼灵魂。这是激动人心的壁画场景，情节跌宕起伏，画面对比强烈，那些形象轮廓中的线条用笔，粗细结合，力透墙壁，就像魏晋书法传统中的线条世界，在北方大漠石窟中自有一种霸悍笔法的力量和美感。另外在人物造型上，概括的外形轮廓和独特形状包含了几何特征的形式，就像欧洲中世纪壁画精神气质浓烈的神的画像。画者以一个虔诚的信徒或者仆人的心态，把自己奉献给一种高于人的力量，描画一个他们认为的高于现实的神圣世界，这样感观强烈而神秘的"舍身壁画"达到一种超越性的审美境界和一种带有神性的观看体验。

但我也意识到，北齐壁画和敦煌壁画是一种特定历史时期的艺术生产方式，属于我们时代的方式仍然有待发现。

另一方面，我在创作中继续以往的探索实践。这种摸索是有冒险性的。说是冒险，其实是一种对于现存状态的不满，总想有点突破，有那么一些新的发现。早年学油画时，觉得塞尚的结构太完美——从弗洛伊德和巴尔蒂斯的绘画中，我也找到了这种结构的力量，塞尚的静物和风景是被重新构建起来的，是重新安排了秩序和位置的场景，是一种对自己观看所得的重新整理，里面包含着艺术的尺度和分寸，也有一种不断探索和质疑的状态。

后来，我用水墨画的效果画了一些影像和复制图像的油画，还画了一些照片中异样的园林和山水，一些透过玻璃看到的、变形了的、陌生化了的城市，还有在水中看起来变形了的人、物和其他器物，我想用中国文化中关于水的灵动和包容来清洗、整理一下照片中忙碌而疲倦的城市。

本科毕业期间，我创作的画作叫《移民倾向》，我希望这张壁画似的大场面绘画在复杂的构图中，传达出形式和语言探索上的一些追求，也包含了一些时代性的内容在里面。在研究生课程班结业期间我画了一幅大场面的丙烯油画，是去西部下乡考察之后的一些印象和整理，取名为《西部、西方》，是对丝绸之路的一些现状观感，也在绘画方式上做出一种中国化的线性归纳和语言整理的探索。

这些年我的创作，是以描绘中国人特有的精神家园作为目标。同时，在绘画中，也对单一的东西方媒介和绘画架构做出一些突破和努力，试图为当代艺术提供一些个人化角度的东方属性，展现中国当下艺术的一些特殊活力。在全球化背景中，我希望能够持续参与其间，探寻一条归属中国社会、文化和历史的"中国当代绘画"道路。

怎么样选择适合自己的绘画学科

爱好是艺术的终生良师，如果你想成为一名画家或者雕塑家，那么你要对自身的绘画爱好和天赋有一定的了解。比如从小是否有不同于其他小朋友的绘画能力，有更为迫切的利用绘画来表达自己想法和愿望的行为，这些从小的天赋异禀可以为你走上画家的道路提供信心上的支持和初心留存的火种。历史上那些成就非凡的大画家，往往从小就有这样一种职业生涯的萌芽，尽管也有一些非常优秀的画家是半道出家的，但是年少初有的绘画热诚，对于绘画创造由心而发的渴望，是幼童时候就埋下了的种子。我们需要特别珍惜那些最早的热望，保护并且发扬它们，只要这些火种一直在燃烧，未来画家道路上可能遇到的种种困难，我们都能够想办法去克服它。

然而，画家的成材率毕竟不是很高，它不是社会运行的一个必需品，更不是衣食住行的保障。但是我们又离不开艺术，绘画是我们精神生活的重要组成部分。

学习绘画的前提是要真诚地面对我们自身的所有，发自内心地喜爱自己不同于其他人的那些特质，用最大的力气培养、发展这些珍贵的个人特质。能够认清自身的独特之处，也就容易选择适合自己的绘画学科了。

在具体门类的选择上，可以根据自己的特性和爱好来选择专业，比如美术学院有国画、油画、版画、壁画、雕塑、实验艺术等专业，需要根据自己真正的喜好来选择，绘画道路有着非常不同的方向和各种类型。人类美术史的发展，正是由这些不同个性、差异独立的人格和美学组成的，雷同和拷贝是艺术学科的大忌，艺术最终要走向自我面貌的独立，所以总有一条不同方向的道路在等待着我们。

要根据个体的不同特质来发展艺术的方向，有的同学对色彩天生敏感，也有后天探究的强烈兴趣，那就可以在凸显色彩相关的历史中找到可以接续发展的脉络。就像印象派绘画，是以突出

艺术学

293

色彩课题为主的绘画流派，他们对于色彩感知丰富深入，并进行集中表达，往往会忽略一些色彩之外的素描、造型等因素。莫奈的素描就不像德加那样更有造型上的特色，但是，莫奈却拥有一双绘画历史中最为细腻和敏感的发现色彩的眼睛。

如果你对造型研究和构图想象感兴趣，那么你可以在壁画学科中找到相应发展的脉络，因为壁画创作的基础是关于形象描绘和构图想象的能力，尽管壁画色彩的布局同样需要形色结合的才华，但是如果你的造型和构图特别突出，你的画面也会足够打动人。比如米开朗琪罗的西斯廷壁画，就完美呈现了超凡构图才华和无懈可击的人体描绘能力，尽管色彩表达上不像达·芬奇或者拉斐尔这些以绘画出道的画家那样更为讲究，但是毫不阻碍他的西斯廷壁画成为欧洲历史上最为伟大的壁画。

因此，如果你喜欢一些大场面的绘画，或者有着偏向理性的构图能力，那么这些特质可以作为选择壁画专业的考虑因素。如果你更倾向于一种即兴表达、凸显感性的绘画，那么油画专业中的表现派课题是更为恰当的选择。如果你对中国文化情有独钟，对传统的水墨和书法也是天赋异禀，那么中国画专业就非常适合你。

这是一个艺术方法和绘画样式极度丰富和多样的时代，没有一种模式和限定是用来制约你的，就像人的天性的发展，没有一种定式、一种既定，而是存在着各种各样的可能性。杰出的绘画往往承载着创作者丰富自由的想象力、特殊的才华，蕴含着人性中的解放力量和对于无限自由的拓展追求。

美术类学科中还有和社会生活紧密相连的实用美术，也就是美术学院中的设计专业。如果你对实用美术或者设计感兴趣，对生活中那些样式新颖的服装、装帧精美的图书、结构别致的建筑等有着强烈探究的热情，那么这些都和美术的设计专业相关，是在绘画美学基础上的具体生活应用。这些设计类型的学科，包含了建筑、染织、陶瓷、室内、景观、动画、首饰、服装、工业、数码媒体、视觉传达等。

人类历史上很多有着非凡成就的伟人，都有着从事相关设计工作的经历，比如达·芬奇，不仅是一名画家，同时也参与了各种门类的设计工作，比如建筑、飞行器、坦克、汽车原型等。其中飞行器这些实用器械，不仅外形优美，还有机器原理的发明创造，这是综合设计，包含了人类整体性创造的才华。因此，以具体学科作为一个支点，可以展开非常广阔的事业前景，目前专业的选择可能只是一个开端，如果我们更重视综合素养的持续提高，那么志愿可能不是最终的结局，而应该是一个更多可能性的开始。

绘画专业学习的经验体会

绘画学习过程总体来说是乐趣更多，一些细微发现和点滴进步总会让人感到欣喜。在学校期间，纯粹的绘画过程，在人文海洋中自由遨游，是一段非常珍贵的幸福时光。校园生活简单而宁静，有各种讲座和交流活动来拓展学识和认知，尽管在学习上会碰到各种问题，但都是一种美好而难忘的经历。

如果说艺术的学习有什么样的捷径，可能是持续的坚持和漫长的投入，越是抱有一种下笨功夫和深挖长行的态度，越是能接近一种所谓的捷径，如果想机巧快速地达成，往往会事与愿违。所谓王羲之的墨池、智永禅师的"退笔冢"，无非是比常人多数倍的努力而已，越是取得大成就的人，越是理解这些朴素的道理，人生大道估计也是如此，快和慢的辩证理解包含了一种更为广远的整体观。黄公望积累一生的学识和画技，那些落寞和苦学、废笔和犹疑，最终他在八十多岁的年纪，画成了长卷恒久的《富春山居图》，这样漫长无边的路径，看似毫无捷径可言，一途悠长和苦行，但正是这样的行径造就的隽永画卷才显得越发珍贵，历久弥新，不可替代。

有了一个长远的目光，那么学生时代就可以多做一些加法，比如把画面做得尽量丰富和复杂一些，多下一些苦功夫和笨功夫，在构图和布局上不怕麻烦，给自己增加难度，规划出一个从繁到简的绘画历程。因为年轻时候的感觉力和精力都充沛，随着年龄的增加，感觉力和体力都会慢慢弱化，到了那时候更多呈现的是经验、认知，还有年轻时候积累下来的对于事物透彻体会的深刻记忆。如果这时候要表达简练和单纯，才会显得言之有物，有底气做到厚实而可信。比如伦勃朗在青年阶段精微无比的画面探究的过程，才为他晚年粗放绘画带来了充盈和底气。

另外，整体来看，中国绘画历史的演变过程，也是经过了五代、北宋那样一个严谨复杂、不厌其烦的深究过程，那种极致求真的深入，才有了后来元代绘画飘逸简约而不显空洞、无力的悠远境界。

不仅在绘画上需要叠加和积累，同时在学习方式上，也要不断吸收广阔人文知识的丰富营养。绘画是理解世界的一种方式，因此也代表了人类思想文化领域的累积成果，它们是一个整体，互相贯通，脉络相连，形成合力。在一个时代的重要作品里面，包含的内在信息越完整、越庞大或者越丰厚，其呈现出来的冰山一角就会越发夺目耀眼。米开朗琪罗和达·芬奇一样，都是多才通达的超人，米氏不仅是雕塑家、画家、建筑家，同时还是杰出的诗人。而达·芬奇的全面更是包罗万象、浩若星辰，他在科学发明、数学、医学、音乐、天文学等方面都成就非凡。

艺术史上那些开创性的画家，往往都在另外一个专业中吸收到了特殊的养分，在本专业中才突破困局，形成新的创造。王维的诗和画都造诣高绝，两者之间互相滋养，融会贯通，最后形成了诗和画的一代高峰。

作为中国独立画家的最早源头，顾恺之在一个纯粹感性和纯粹思辨结合的时代，不仅画技精绝，同时善于思考和文字表达，其"文虽不多，气调警拔"，在《论画》和《魏晋胜流画赞》中对于绘画方法和具体作品的分析，精准而洗练。因此，他的成就不仅是技法语言的精进，还有认知和思想的突破。这些不是单一结构所能建立起来的一个艺术高度，而是一种复合的思维和文化视野的独特融汇，这样才会形成一个新鲜而整体的伟大高度。

近观本人创作的一点体会，也是希望抱有一种广泛连接的原则。比如哲学家本雅明的"aura"（"灵晕"——另一种西方的古典情境）理论揭露的是机械复制时代的普遍困境。而魏晋六法中的"气韵"说，却是强调手工绘画中营造出来的复杂气息，是一种独特个体产生出来的自由感觉，有更为灵动而广阔的东方气象。那么用个体独立的绘画语言，在复制图像背景中营造出一种久违的新鲜气韵，是对当下全球化背景中本土处境的特殊回应，不是单一思维的西方和东方，而是在融汇重构的过程中找到新的创造可能。

艺术学

年轻时候往往吸收力强，消化机能也好，所以尽可能多一些地了解和学习，那些人类文明中留存下来的优秀内容，尽管还在积累，还没有一个全局整合的经验和能力，但是时间会慢慢教会我们整合，最终露出属于自己的系统特质。这是一个厚积薄发的过程，如果没有深挖广收的积累，很难有一个厚实从容的结果，会流于轻巧和肤浅。在绘画技艺的勤练苦积过程中，广纳优秀杰出的人文内容，不仅学习经典文化，同时还有同时代那些优秀的人文思想和时代信息。这两方面都很重要，既是继承人类文明中那些高峰体验和杰出表达的经验，同时又保有一种当下鲜活灵敏的状态和独有的时代面貌，既在巨人肩膀上自我提升，也在前人基础上保有跨越的可能。

关于绘画的过去与未来

　　文明一直是在互相融合碰撞中往前发展，就像敦煌文化就是丝绸之路互相融合再生的结果，还有南北汇聚的魏晋艺术。新文化的出现是交融与创新的结果，当年凡·高受浮世绘的影响，才有了后来《向日葵》的形式特点。当然其中有一个主次的问题，如果本身有一个强力完善的系统，它就会把外来文化融合进来，使其消化在其中。

　　作为主体，魏晋到宋元的绘画有一个强烈而饱满的自足系统，宋画到今天看来也是不可超越的。但是在此之后中国绘画开始走向衰落，呈现一种主体构架涣散的状态，到清以后，绘画的整体面貌处于一种零散的局面。尤其在当下文化式微的今天，我们更需要重新整理好自身的文化脉络和思想逻辑，搭建好自己的系统构架，把我们文化的优势搞清楚，不做无根之树、无源之水，和西方文化厘清主次关系，既不同于西方当代艺术，也要对自己的传统有一个好的转换并重新出发，慢慢创造出主体意识鲜明的、关于我们时代的绘画文化。

怎么样在一个自我成序的文化背景中生发出美学上的新鲜构建、特殊的工作方式和独立语言，这个过程，希望我们能够持续地学习和探索，保持一种活跃和深刻的思想状态，磨炼精深和难度高一些的技艺，在克服重重困难的现实过程中，尽可能追求比较神圣和理想的精神生活。在绘画中，知行合一，能从理念到技法语言，努力呈现出一种独立和完整的构架，在追求超越境界的过程中，迎接一个繁荣茂盛的关于绘画的未来。

我的志愿

感谢本书所有作者及各专业受访者的无私分享

徐英瑾，复旦大学哲学教授

靳卫萍，清华大学社会科学学院经济所副教授

杨立新，中国人民大学法学院教授

罗翔，中国政法大学刑事司法学院教授

杨一呦，上海师范大学教育学院讲师

黄平，华东师范大学中文系教授

董晨宇，中国人民大学新闻学院讲师

武黎嵩，南京大学历史学院副教授

吴於人，同济大学物理科学与工程学院教授

宋浩，山东财经大学副教授

韩卓，北京师范大学心理学部教授

曾群，同济大学建筑设计研究院教授级高级建筑师

初雯雯，北京林业大学野生动植物保护专业博士

陶勇，北京朝阳医院眼科主任医师

李若山，复旦大学管理学院会计系教授

钱婧，北京师范大学经济与工商管理学院教授

陈传席，中国人民大学艺术学院教授

叶剑青，中央美术学院壁画系教授

取景框看世界，复旦大学经济学博士生

12 大学科 受访者名单

达恩达恩 | 大卫 | 罗肖尼 Shawney | 陆英泽

爱吃年糕的阿泽 | 三金 | 一个凡老师 | 王骁 Albert

小徐 | 多罗西 123 | 可妈可吗 | 赵航 | 小蝶今天吃饱了

魏春露 | 是毛布斯呀 James | 二锐 | 在下小苏 | 曹柠

小陈 | 狸子 LePtC | 小陶 | 胥子含是丫小丫瞪你

高孟德 | 高高 | 小曾 | 殷尚墨羽 | Iris 学姐

一只不像老师的小怀怀 | 李志青 | Hehe | 盘子

龙喵喵要吃肉 | 刘宁 | 瑞琪 | 愣娃 RC | Alex | 小顾

CodeSheep | 涛涛 | 慧子 | 小钻峰 | 晨然

小周 | 霜晗 | 小苏 | Franklin | 芙芙家的洗碗君

学过石油的语文老师 | 小 D | 邱伟迪 | Bea | 加加夕 e

建筑生阿高 | 王硕洋 | 摄影师泰罗 | 小亿兜兜 | 胡睿智

兔叽咯 | 常常 | 刘医生 | 为医老学长 | 赖医师

工具箱中工具人 | Der | 小钱 | 口腔医学学生镜子 Mirrortic

小米虫 | Porter | 小汤 | 胖丁 | Victor

扫一扫收看 bilibili 名师 UP 主
分享志愿填报经历与建议

我的志愿

作者 _ 吴於人　罗翔　陶勇 等

产品经理 _ 金榜　装帧设计 _ 题名　产品总监 _ 高中

技术编辑 _ 顾逸飞　责任印制 _ 梁拥军　出品人 _ 贺彦军

营销团队 _ 毛婷　孙烨　魏洋　礼佳怡

鸣谢 (排名不分先后)

吴畏　傅晓庆　王欢　李潇　陈曦　邬腾　谢越　刘飘飘

果麦

www.guomai.cn

以 微 小 的 力 量 推 动 文 明

图书在版编目（CIP）数据

我的志愿 / 吴於人、罗翔、陶勇等著. -- 西安：太白文艺出版社，2023.7
ISBN 978-7-5513-2406-9

Ⅰ．①我… Ⅱ．①吴… Ⅲ．①高等学校－招生－介绍－中国②毕业生－高中－升学参考资料 Ⅳ．①G647.32

中国国家版本馆CIP数据核字（2023）第099520号

我的志愿
WO DE ZHIYUAN

著　　者	吴於人、罗翔、陶勇等	
责任编辑	蔡晶晶　强紫芳	
封面设计	题名	
出版发行	太白文艺出版社	
经　　销	新华书店	
印　　刷	北京世纪恒宇印刷有限公司	
开　　本	880mm×1230mm　1/32	
字　　数	220千字	
印　　张	9.75	
版　　次	2023年7月第1版	
印　　次	2023年7月第1次印刷	
书　　号	ISBN 978-7-5513-2406-9	
定　　价	59.80元	

如有印装质量问题，可寄出版社印制部调换
联系电话：029-81206800
出版社地址：西安市曲江新区登高路1388号（邮编：710061）
营销中心电话：029-87277748　029-87217872